이승헌 등

오! 영심이

보고 싶고, 듣고 싶은 영심이 is BACK!

오! 영심이

전선영 대본집

시공사

일러두기

1. 이 책은 최종 현장 대본 내용을 최대한 따랐습니다.

2. 이 책의 편집은 드라마 대본 집필 형식을 최대한 따랐습니다. 단어, 표현 등
   이 한글맞춤법에 맞지 않더라도 그대로 살렸습니다.

3. 등장인물의 성격이나 해당 장면의 긴장감과 분위기를 최대한 살리고자 지문
   과 대사 내에서 쓰인 문장부호의 중복 및 변형 사용을 그대로 따랐습니다.

차 례

작가의 말

몇 자 적자니 고마운 분들의 얼굴밖에 떠오르지 않네요. 먼저 훌륭한 원작을 드라마로 만들 수 있도록 허락해 주신 배금택 선생님, 감사합니다. 변화무쌍한 현장에서 고생하신 두 감독님과 배우들, 스태프분들께 감사드립니다. 사랑스러운 영심과 경태 그 자체가 되어준 송하윤, 이동해 배우. 기분 좋은 에너지를 불어넣어 준 이민재, 정우연 배우. 그리고 유쾌한 영심이네 가족 배우분들, 잊지 못할 것 같습니다. 여러분의 영원한 팬이 될게요.

무엇보다 오환민 대표님을 비롯한 제작사 더그레이트쇼에 정말 감사드립니다. 여러분의 헌신과 애정 덕분에 〈오! 영심이〉가 세상에 나올 수 있었습니다. 마지막으로 영심이를 저만큼 좋아해 주고 응원해 준 가족과 친구들, 고마워요. 늘 생각과 걱정이 많은 저에게 전해준 저지름(?)의 용기에 힘입어 이렇게 대본집까지 낼 수 있게 되었던 것 같습니다. 10년 뒤의 영심이가 더 궁금해지는 작품, 각자의 명랑함을 발견할 수 있는 작품이 되길 바랍니다. 명랑함의 힘을 믿어요!

2023년 6월
전선영

등장인물 소개

오영심 (OSN 예능국 PD)

어딘지 익숙한 이름, 오영심. 어디서 들어본 것 같다고? 맞다. 만화 《열네 살 영심이》의 주인공이다. 그 시절 사랑과 인생의 열병을 앓던 예측 불가 질풍노도의 사춘기 캐릭터. 늘 궁금한 게 많고 호기심을 참지 못했던 영심은 20년 후, 예능국 PD가 되었다. 늘 과도한 열정 탓에 오늘도 방송국에서 미운 오리 새끼로 낙인찍혀 곤경에 처하는데. 이런 영심이 앞에 20년 만에 왕경태가 나타나며 그녀의 인생이 다시 크게 요동치기 시작한다. 이 모든 것은 운명일까? 아니면 또 다른 흑역사의 시작일까?

왕경태, 마크 (스타트업 Kingbly 대표)

어린 시절 오영심의 온갖 구박에도 영심을 따라다녔던 코흘리개 소년. 어느 날 가족 이민으로 한국을 떠나며 소식이 끊긴 그는 20년 후, 유니콘 스타트업의 창업자 '마크 왕'으로 영심의 앞에 나타난다. 이름만 아니면 못 알아볼 정도로 멋있게 변해버린 경태. 하지만 이상하게도 영심 앞에만 서면 예전의 소심하고 찌질한 왕경태가 자꾸 소환되는데…. 유치하게 영심과 티격태격하다가 그만 미운 정까지 들며 흔들리는 경태. 과연 20년 만에 다시 나타난 경태의 진짜 속내는 무엇일까?

이채동 (OSN 예능국 PD / 영심의 후배)

영심만을 바라보는 해바라기 후배 PD. 그에게는 영심이 어떤 예능보다도 재밌다. 1년을 예능국에서 동고동락한 사이로, 자주 덜렁대는 영심을 후배처럼, 동생처럼, 남자 친구처럼 보필한다. '곧 선배에게 고백을 해야지, 해야지' 하는데 왠지 잘못하다 좋은 선후배 사이마저 망칠까 봐 걱정된다. 그냥 우직하게 영심의 곁을 지키면 될 줄 알았는데, 예상치 못한 타이밍에 등장한 복병인 경태로 인해 내면의 승부욕이 끓어오르기 시작한다.

구월숙 (연애 콘텐츠 유튜버 / 영심의 친구)

영심의 오랜 친구. 눈치 없는 척, 착한 척하며 친구인지 적인지 가끔 헷갈릴 정도로 그간 영심을 많은 곤경에 빠뜨렸다. 현재는 연애 유튜버로 활발하게 활동 중이다. 여러모로 영심을 앞서고 있다고 생각했지만, 이상하게 20년이 지난 지금도 영심이 잘되는 꼴을 보면 배가 아프다. 이번에도 그래서일까? 아니면 멋있게 돌아온 경태와 진짜 잘해보고 싶은 마음이 생긴 걸까?

오순심 (스타트업 Kingbly 비서 / 영심의 동생)

어릴 적 어수룩한 몽상가인 언니 영심을 놀려먹는 재미로 살았다. 평소 영심을 절대 언니라고 부르지 않는다. 언니라고 부를 때는 그저 원하는 것을 얻어낼 때뿐인 하극상의 아이콘. 하지만 이 철칙만은 확실하다. '오영심을 놀려먹고 건드릴 수 있는 건 오직 나, 오순심뿐.' 그런데 회사 오너랑 우리 집 서열 최하위 오영심 사이에 심상치 않은 기류가 흐른다? '이럴 땐 도대체 누구에게 줄을 서야 하는 거야?'

오대광 (만화가 / 영심의 아빠)

영심이 자신을 닮았다는 것을 썩 기뻐하지 않는 딸 바보 아닌 솔직한 아버지. 무명 만화가였으나, 20년 전 자신의 특이한 둘째 딸을 주인공으로 한 만화로 히트를 쳤다. 덕분에 빚도 다 갚고 유명세도 좀 탔으나, 이상하게 주목할 만한 차기작은 나오지 않고 있다. 20년째 영감을 찾느라 애쓰고 있는 도중 돌아온 경태를 보며 번뜩이는 아이디어가 꿈틀거리기 시작했다! 과연 오대광 작가에게도 제2의 전성기가 올까?

이지유 (영심의 조카)

오진심과 이우상의 딸. 미남 미녀인 부모의 유전자를 요리조리 피해 이모인 오영심을 뚝 닮았다. "난 누굴 닮아 이렇게 생겼어?" 외모 콤플렉스는 있고 딱히 꿈은 없는 무념무상의 사춘기 소녀. 유일한 취미는 웹툰 보기, 웹툰 그리기. 이런 지유의 레이더에 이전과는 다른 오영심의 사생활이 포착되고, 그녀를 관찰하다 영심을 쫓아다니는 채동을 자신의 첫사랑으로 여기며 동경한다.

오진심 (영심의 언니)

영심과 나이 차이가 꽤 나는 엄마 같은 큰언니. 영심이 그렇게 좋다고 쫓아다닌 가수 이우상과 결혼한 장본인이다. 당시 인기 가수와 결혼에 성공할 만큼 미모가 뛰어났지만, 지금은 남편, 자식은 물론 철없는 동생들 챙기느라 억척 주부가 다 되었다. 평소 마음 넓은 착한 언니지만, 위급 상황에서는 필살기인 이단 옆차기가 튀어나온다.

이우상 (전직 인기 가수 / 영심의 형부)

한때 〈가요톱10〉 1위를 할 정도로 인기 가수였지만 현재는 '영심이네 떡볶이' 사장. 추억의 뮤지션을 소환하는 한 프로그램에 동료들이 나올 때마다 자신도 소환되고 싶어 미치겠는데, 이상하게도 우상에겐 연락이 없다. 오기로 '직접 다시 음반을 만들어 볼까' 하는 생각도 잠시 했지만, 진심의 등쌀에 계획을 접고 조용히 떡볶이만 만들고 있다.

용어 정리

S#
신(secne, 장면)을 의미하며, 같은 장소와 시간 내에서 이루어지는 행동이나 대사가 하나의 신을 구성한다. 신 제목 옆에 함께 표기된 (M), (D), (N)은 해당 신의 시간적 배경을 나타내는 것으로, 각각 아침(morning), 낮(day), 밤(night)을 의미한다.

E
이펙트(effect)의 약자로, 주로 등장인물 없이 소리만 나오는 경우를 표현할 때 사용한다.

F
필터(filter)의 약자로, 전화기 너머로 들리는 목소리나 마음속 말 등을 의미한다.

NA
내레이션(narration)을 뜻한다. 장면의 내용이나 줄거리, 등장인물의 독백 등을 장면 밖에서 설명하는 것을 말한다.

V.O
보이스오버(voice over). 화면에 나타나지 않는 인물의 목소리나 소리를 일컫는다.

cut to
신(장면) 내에서 시간의 경과나 과정의 생략을 나타

내는데, 장면 사이의 시간 경과를 나타내거나 하나의 장면에서 다음 장면으로 넘어가는 것을 뜻하기도 한다.

인서트 특정한 동작이나 상황을 강조하기 위해 장면 사이에 삽입한 화면, 또는 삽입하는 것을 말한다.

몽타주 따로따로 촬영한 장면을 연결해 하나의 긴밀하고 새로운 내용으로 만드는 영화나 사진 편집 기법을 말한다.

플래시백 장면의 순간적인 변화를 연속으로 보여주는 기법을 말한다. 긴장을 고조시키거나 격렬한 감정을 드러내는 데 효과적이며, 때로 과거 회상 장면을 나타내는 데도 활용된다.

1화

하나면 하나지 둘은 아니야

S#1   [프롤로그] 영심이네 – 거실 (D)

맑은 하늘, 경쾌한 음악에 맞춰 서울을 훑으며 지나가는 카메라. 애니메이션 〈영심이〉 메인 테마송 전주가 흐른다. 카메라가 도심을 가르다 천천히 한 가정집 단독주택 대문 앞에 멈춘다. 일요일 오전, 어딘지 친근한 복고풍의 가정집 거실. 거실에 놓인 통통한 TV 화면이 켜지고 익숙한 노래가 흘러나온다.

(E) 보고 싶고, 듣고 싶어. 다니고 싶고, 만나고 싶어~.

S#2　　　(애니메이션) 한강 부근 - 마포대교 (D)

어린 영심과 경태, 월숙이 자전거를 타고 있다. 앞서거니 뒤
서거니 하며 달리는데 저 멀리 63빌딩과 마포대교가 보인다.

어린 경태　　아, 왜 이렇게 빨리 가. 같이 가~.

어린 월숙　　어후, 니들은 왜 쓸데없는 데 힘을 쓰고 그러니. 유치
　　　　　　해서 진짜.

어린 영심　　나 먼저 간다~.

어린 경태&월숙　　영심아! 같이 가!

영심, 페달을 힘차게 밟아 마포대교를 제일 먼저 건넌다.

(E) 알고 싶은 것도, 갖고 싶은 것도 많은 영심이, 영심이.

S#3　　　한강 - 공원 (D)

성인이 된 영심. 땀을 뻘뻘 흘리며 사이클을 타고 있는 아이
돌 요한의 뒤를 빠르게 따라가고 있다.

영심　　　　요한 씨, 출연해 줘요. 네? 요한 씨 같은 아이돌이 우
　　　　　　리 프로그램에 진짜 딱 맞거든요. 중학교 때까지 사
　　　　　　이클 선수 준비했다면서요, 형은 선수 출신이고.

요한	헐, 그런 건 또 어떻게 알았어요?
영심	요한 씨처럼 체육인의 피가 콸콸콸콸! 흐르는 아이돌이 우리 프로그램에 진짜 딱 필요해서 그래요. 예? 한 번만 출연해 줘요. 톱스타 만들어 줄게요!
요한	안 한다고 했잖아요. (자전거 세우며) 이제 제발 좀 그만 따라오세요. 지독하다 진짜….
영심	제가 여기까지 어떻게 왔는데, 못 가요.
요한	이런다고 제 맘 안 바뀌어요. 소용없으니까 가세요.
영심	(하… 안 먹히네) 그럼 이건 어때요? 제가 요한 씨보다 저기 있는 다리까지 먼저 도착하면 프로그램 출연해 줘요. 콜?
요한	그게 될 거 같아요?
영심	그러다 내가 이기면요…?
요한	(그 말에 승부욕 돋는 표정) 그럼 출연할게요. 그럴 일은 없겠지만.
영심	오케이. 그럼 꼭 약속 지키기! (무릎 토닥이며) 도가니야, 너만 믿는다.

준비 자세를 취하는 영심과 요한.

| 영심 | 자! 하나, 둘! |

영심, 셋을 세지 않고 둘과 함께 먼저 치고 나간다. 이 악물고 온 힘을 다해 페달을 밟기 시작하는데,

영심	내가 이번엔 꼭 섭외 성공한다!!

요한, 당황하며 따라가려는데 앞서 달리던 영심이 맞은편에서 자전거를 타고 오는 시민과 부딪히려 한다. 놀란 영심, 균형이 흔들린다.

영심	어, 어…?

그대로 풀숲으로 내동댕이쳐지며 구르는 영심.

요한	(놀라서 달려간다) PD님! 괜찮으세요…?!!

굴러 처박힌 풀숲에서 'O' 자를 들어 올리는 영심.

요한	못 말려 진짜…. 내가 졌다. 출연할게요.

S#4   기내 안 (D)

1등석 기내 좌석에서 편하게 자고 있던 경태가 악몽을 꾸는 듯 불편해 보인다.

경태	할 수 있어… 할 수… 있어…. (악몽에 시달리며) 으… 으, 으아.

스마트 워치(E)	삐! 삐!

잠꼬대를 하며 깨어난 경태에게 승무원이 다가온다.

승무원	고객님, 디저트 하시겠습니까?
경태	(꿈이었음을 확인하고 숨을 몰아쉬며) 아, 네.

경태가 울리고 있던 스마트 워치를 끄자, 승무원이 커피와 함께 포춘쿠키를 건넨다.

승무원	맛있게 드십시오.

경태가 쿠키를 쪼개자 안에 담긴 메시지가 보인다.

[하나면 하나지 둘은 아니야]

경태	으아~!

메시지를 확인하고 화들짝 놀라는 경태, 당황한 듯 메시지를 던져버린다.

S#5   방송국 앞 [D]

방송국으로 들어서는 영심, 다친 발을 절뚝인다. 이 모습을 본 후배 상은이 얼른 달려와 영심을 부축한다.

상은   선배!!

영심   어! 잘 왔다.

상은   괜찮아요?

영심   내가 한요한을 섭외했잖아? 이 한 몸 불살랐지. 후후, 도가니가 나간 보람이 있구만.

동시에 휴대폰이 마치 경고처럼 울린다. 휴대폰을 보고 왠지 불안한 기운을 느끼는 영심.

영심   느낌이 뭔가 안 좋다? (가방 건네며) 이거 내 자리에 갖다 놔줘.

얼른 전화를 받는 영심.

영심   네, 국장님~.

사근사근하게 전화를 받는 영심.

국장[F]   그래, 니 프로 폐지됐어.

S#6   방송국 - 국장실 (D)

허 국장과 마주 앉은 영심, 열받은 표정이다.

영심   와! 어떻게 진짜 말 한마디 상의도 없이 저한테 이
       래요? 이게 말이 돼요? 제가 아침에 제일 핫한 한요
       한도 섭외 다 끝내놨는데! 이렇게 하시면 진짜, 제가
       뭐가 됩니까?!

국장   편성 개편하면서 위에서 내린 결정이야. 나도 어쩔
       수가 없어.

영심   전 받아들일 수 없습니다.

국장   못 받아들이면? 뭐, 어쩔 건데?

영심   들이받아야죠. 아니, 개편마다 왜 하필 제 프론데요?

국장, 그 말에 그동안 영심이 쓴 시말서를 세어본다.

국장   하필이 아니라 여태 봐준 거예요. 그동안 니가 쓴 시
       말서로 우리 방송국 도배하고도 남아. 예능을 만들
       어 오랬더니 형사물을 찍어와?

＊ 인서트 -
국장의 태블릿 PC 화면에 영심의 지난 활약상을 담은 기사
들이 보인다. 영심의 얼굴은 모자이크 처리되어 있다.

"성범죄 이력 출연자와 격투를 벌인 **방송국 오 모 PD"

"촬영 중 소매치기 잡으려 철로에 뛰어든 32세 오 모 씨"

"불법 식용견 사육장 앞에서 개장수와 개싸움 벌인 여성, 모 방송국 예능 PD로 밝혀져, 논란 후 사육장은 고발 조치"

국장	(태블릿 PC 보며) 성범죄 이력 출연자와 격투를 벌인 모 방송국 오 모 PD! 아무래도 니 덕. 분. 에. 내가 제 명에 못 죽을 거 같다. 이런 걸로 화제를 모으지 말고 프로그램으로 화제성을 잡아야지…. 쯧쯧.
영심	아니, 그럼 이 상황에 가만히 있습니까? 정의가 먼저 죠! 저는 자극적인 프로보다는 정의가 먼저라고 생각합니다!
국장	오영심 씨.
영심	예.
국장	당신은 교양 PD가 아니라 예능 PD라고요. 예?
영심	알죠….
국장	여튼 이번 개편은 아무도 원하지 않는 열정에 대한 조치라고 생각해. 내 생각도 좀 해주라.
영심	(입술을 삐죽거리며) 제가 성격이 이렇게 지랄 맞아도 요…. 상처는 받거든요? 나 눈물 날라 그래 진짜?
국장	저거 봐봐, 저 진정성 없는 거. 상처받으라고 하는 소리야. 당분간 아~무것도 하지 마. 제발 좀! (영심 보며) 나가!

그때, 노크 소리와 함께 문이 열리며 영심의 후배, 희진이
들어온다.

희진   (영심을 힐끗 쳐다보고) 얘기… 중이셨나 봐요.

영심   어. 나 지금 중요한 얘기 중이니까 좀 이따 들어와.

국장   아니야, 우리 희진이 들어와.

희진   선배, 죄송요. 제가 이번에 새로 프로그램 하나 들어
         가기로 해서요.

국장   희진이 입봉한다.

영심   헐? 아… 측카해…. (입술 꽉.)

국장, 희진이 가져온 서류에 사인을 한다.

국장   준비 잘 되고 있지?

희진   그럼요.

희진, 얄미운 미소를 지으며 나간다.

국장   후배가 너보다 먼저 입봉하는 거 보고 뭐 느끼는 거
         없어?

영심   선배.

국장   국장님.

영심   선배님.

국장   국장님이라고 불러.

영심	아, 선배님!!
국장	왜!
영심	제가 하는 프로그램마다 다 반대하시고 그나마 있. 는. 프로도 다 폐지시키니까 제가 이렇게 되는 거 아니에요. 아, 도와줘요!!
국장	오영심. 예능도 정글이야. 빨리 자기 먹이 찾는 게 생존하는 길이야 임마.
영심	알아요… 안다고요. (소파에 털썩 앉으며) 그럼, 저 진짜 뭐 해요? 진짜 가만 있으라고 해서 가만히 있으면 논다고 내쫓으실 거 아닙니까.
국장	… 다행히 아직 눈치는 남아 있네. (풀 죽어 있는 영심 보며) 뭐 해, 나가! 면상 치워!
영심	… 왜 소리를 지르고 그래요! 나가보겠습니다악!

열받은 영심, 그대로 자리 박차고 나가려다 국장 책상 위, 〈사랑의 짝대기〉 프로그램 기획안을 보고 순간 안광이 번득인다.

영심	그거 뭐예요?
국장	아… 이거? 이번 신규 파일럿 기획안인데, 너랑은 상관없어.
영심	(기획안 잡은 손에 힘 꽉 주며) 아, 이게 스태프 못 구해서 못 하고 있다는 그거구나? 제가 하면 되겠네요.
국장	니가? 돼, 됐어. 이건 다른 사람 구할 거야.

영심	아니야, 아니야. 나도 연애 알아. 나도 잘해. (기획안 뺏으며) 제가 한번 꽂히면 무섭게 해내는 거 아시죠. 제가 한번 잘 해볼게요!

영심, 파일럿 기획안을 챙겨 나간다. 나간 순간부터 발걸음이 빨라지는 영심. 국장, 이런 영심의 뒷모습을 불안한 눈빛으로 쳐다본다.

국장	아냐, 아냐. 너 몰라. 진짜 몰라. 너 연애 모를 거야…. 너 몰라야 돼…!

S#7   방송국 - 예능국 카페테리아 (D)

자리에 앉아 있는 영심 곁에 채동이 서 있다.

채동	선배가 연애 예능을요??
영심	이 비정한 예능 정글에서 살아남기 위해 선택했다. 이번에 파일럿으로 나갈 거야.
채동	연애 예능 쉽지 않을 텐데…. 선배 연애 못 한 지가 지금 얼마나 됐더라…. (손가락 세며.)
영심	(괜히 발끈) 그, 그게 뭐가 중요하냐! 내가 말했지, 프로그램엔 진정성이 가장 중요하다고. (채동 발로 차며) 이씨, 하기 싫음 하지 마.

채동	아녜요! 선배, 저도 도울게요. 너무 걱정 마요.
영심	그치…? 나랑 같이 해줄 거지? 나 이번엔 진짜 잘해야 된다. 진짜 짤릴 뻔했어 아까…. 그래서 말인데, 연애 예능에서 가장 중요한 뽀인트가 너는 뭐라고 생각해?
채동	뽀인트… 음…. 제가 봤을 때 연애 예능은 캐릭터가 생명이고 서사 그 자체더라고요. 다들 마음이 동할 정도로 정말 매력적인 출연자가 나오면 다른 건 다 필요 없어요 선배!
영심	매력적인 일반인을 당장 어디서 구하냐고….
채동	그러니까요. 당장은 힘들죠. 특히 요즘은 아무나 섭외했다가 논란이라도 생기면 큰일 나니까….

영심, 힘 빠진 표정으로 테이블 위에 고개를 '쿵' 하고 찧으려는 순간, 채동이 빠르고 자연스레 팔을 뻗는다.

영심	니가 내 마빡을 지키느라 고생이 많다.
채동	다친다니까요 선배. 왜 아무데서나 머리를 그렇게 막 함부로 쓰고 그래요.
영심	머리가 잘 안 돌아가니까 그러지…. 어디서부터 어떻게 해야 되냐?
채동	(뭔가 생각난 듯) 아! 이럴 때 쓰라고 지인 찬스 있는 거잖아요.
영심	지인 찬스…?

채동	될 진 모르겠지만 저도 한번 연락해 볼게요. 오랜만에 동기들한테 연락도 할 겸.

걱정하는 채동을 보던 영심, 일부러 파이팅 넘치게 자리에서 일어선다.

영심	아니야! 또 섭외하면 오영심이 아니겠어. 내가 한번 해결해 볼게. 난 할 수 있어.

결의를 다지는 채동과 영심.

S#8   방송국 – 복도 (D)

구조물 사이에 쭈그려 앉아 출연진으로 섭외할 만한 연락처 목록을 스캔하는 영심. 몸이 쏙 들어가 잘 보이지 않는다.

영심	왜 이렇게 연락할 사람이 없냐…. 얘도 안 된다고 할 거고….

그때, 영심이 구겨져 앉아 있는 구조물 옆에 예능국 PD 동료들이 앉는다.

동료1	그거 들었어? 파일럿 그거 오영심이 하기로 했대.

희진	뭐? 진짜 지치지도 않고 나대냐. 국장님은 왜 계속 봐주는 거야.
동료1	난 후배가 먼저 입봉하면 알아서 나갈 건데 자존심도 없어 갠.
희진	눈치 있으면 이번 거 찍고 알아서 나가겠지 뭐. 이번에 예능국도 사람 줄인다잖아.
동료1	하, 그런 오영심을 왜 채동이는 계속 따라다니는 거야. 채동이만 이미지 안 좋아지는 거 알지?
희진	돈 빌렸단 소문 맞는 거 아냐?
동료1	맞네~.
희진	맞지! 맞는 거 같애.

동료들의 이야기에 표정이 어두워지는 영심. 당사자가 듣고 있는지도 모르고 신나게 뒷담화를 이어가는 동료들. 그때, 구조물 밑에서 기지개를 쭉 켜며 일어나는 영심과 마주친다. 당황하는 동료들.

영심	내 걱정해 줘서 너무 고마워. 이왕 이렇게 된 거 열심히 해보려고. 너도 (희진 가리키며) 열심히 해~. 파이팅~.

영심, 희진을 향해 삿대질하던 손을 바꿔 엄지를 척 들어 올리곤 쿨하게 나간다.

S#9 인천공항 (D)

입국 게이트를 지나 공항 밖으로 나오는 한 남자. 선글라스와 모자에 가려 얼굴은 잘 보이지 않지만 그가 끌고 있는 캐리어에 크게 새겨진 '킹블리' 로고가 눈에 들어온다.

S#10 영심이네 전경 (N)

영심이네 집 전경이 보인다.

S#11 영심이네 - 영심·순심의 방 (N)

순심이가 등장한다. [구 오순심 -> 현 오하윤]이라는 자막이 뜬다. 아직 자매가 한 방을 쓰고 있는 영심과 순심. 큰소리 뻥뻥 쳤지만 풀 죽은 표정으로 침대에 널브러져 있는 영심. 한숨을 푹푹 쉬자 순심이 쳐다본다.

순심	오영심, 나까지 힘 빠지게 왜 그래? 죽상 좀 펴.
영심	아무래도 예능의 신이 날 떠난 것 같아….
순심	그게 온 적이 있었나?
영심	기억 안 나? 20년 전 〈영심이〉 덕분에 대한민국에 내 이름 모르는 사람이 없던 나야. 그 덕분에 나의 어린

시절이 좀 꼬이긴 했지만…. 암튼 그때 내 평생의 유
명세를 다 써버린 건 맞는 거 같아….

영심을 바라보던 순심, 보고 있던 운세 앱에서 이달의 운세
를 확인한다.

순심   동쪽으로 가면 귀인이 있다. 이번 달 언니 운세.
영심   동쪽? 이쪽이 서쪽이니까….

영심, 손가락으로 방향 가늠해 보는데 동쪽에 순심이 앉아
있다. 그리고 순심 뒤로 안경 쓴 곰 인형이 보인다.

영심   동쪽에… 오순심이 앉아 있네? (실망하다 순심 보고
         뭔가 떠오른 듯) 아, 너 혹시 방송 출연할 생각 없냐?
순심   나보고 니가 만드는 프로그램에 출연을 하라고? (고
         개 절레절레) 싫어, 싫어.
영심   너까지 나 무시하냐? 언니가 나오라면 나오는 거지.
순심   아니, 요즘 같은 세상에 방송 출연 잘못하면 평생 따
         라다니는 주홍글씨 된다는 거 누구보다 잘 알잖아?
         싫어.
영심   ….
순심   게다가 나 다음 주에 이직해서 방송 타고 그러면 좀
         곤란해.
영심   이직…?

순심	짜라란~.

순심의 뒤로 보이는 킹블리 입사 축하 키트 박스. 그때,

진심(E)	다들 저녁 먹으러 내려와~.
영심&순심	네~.

S#12   영심이네 - 부엌 (N)

예전과 같이 큰 식탁에 모여 앉아 식사를 하는 영심이네 가족. 영심과 순심, 아빠 대광을 비롯해 큰언니 진심과 형부 이우상, 그들의 딸 지유가 앉아 있다.

영심	(잔뜩 쌓인 음식을 보며) 오늘 무슨 날이야?
진심	무슨 이모가 그래. 오늘 우리 지유 생일이잖아.
영심	(헤드폰 벗어보라는 듯 손짓하며) 이지유! 오늘 생일이에요?

하지만 오늘의 주인공 지유(14살)는 대꾸도 없이 무표정하게 앉아 있다.

영심	… 반응이 없어.
진심	… 사춘기라 그래. 이해 좀 해줘.

영심	무슨 어린아이가 저렇게 화장을 많이 했대?!
우상	요즘 지유가 외모에 좀 관심이 많아져서. 그치?
지유	나도 엄마처럼 예뻤으면 화장 안 해. 나 누굴 닮아서 이렇게 못생겼어?

모두가 영심을 쳐다보고, 딴 곳을 보는 영심.

영심	(딴청) 여덟 시네….
대광	자, 밥이나 먹자….

대광이 숟가락을 들자, 분위기를 전환해 보려 우상이 한마디 꺼낸다.

우상	우리 집엔 휴일에 데이트 있는 사람 없나? 영심 처제, 휴일에 데이트 없어?
영심	….
순심	(깐족대며) 데이트는 무슨…? 오영심은 휴대폰 업데이트도 안 하는데요.
진심	멀쩡하게 생겼고, 직장도 있고. 있을 거 다 있는데 뭐가 부족해서 우리 영심이가 연애를 못 할까.
대광	멀쩡하긴…. 멀쩡하질 않으니까 남자가 없지.
영심	만화 그릴 때는 나보고 뮤즈라면서요. 이렇게 된 건 아빠 책임도 있지 뭐.
대광	연애 못 하는 거랑 만화랑 도대체 무슨 상관이냐?

| 영심 | 내가 한 수천 번은 말씀드린 것 같은데. 만나는 사람마다 다 나한테 노래 불러보라 그리고, 순심이는 예쁘냐고 물어보고. 날 그냥 옛날 만화에 나온 되게 웃긴 애로 생각한다니까. |
| 대광 | 30년을 넘게 키워줘도 지가 잘못된 건 다 부모 원망이나 하지. 으이구. |

대광, 작업실로 휙 들어가 버린다. 난감해하는 가족들.

| 영심 | 내가 틀린 말 했나. 아빠 또 왜 저러신대? |
| 진심 | 갱년기, 호르몬. |

S#13   영심이네 - 대광 작업실 (N)

| 대광 | 영감의 신이 나를 떠났어. 이제 돌아올 때도 됐는데…. |

대광, 한숨을 쉬며 옛날의 영광을 떠올리면,

S#14   [회상] 20년 전, 영심이네 - 마당 (N)

대광, 작업을 하다 종이를 구겨 던져버린다.

대광   하… 마감이 내일인데 왜 이렇게 영감은 안 떠오르
는 거야… 으윽….

창작의 고통에 몸부림치고 있던 대광. 그때, 2층에서 영심
의 황당한 기도가 들려온다.

어린 영심(E)   별님, 내일이 중간고사인 거 아시죠? 어머, 이미 알
고 있으니 어서 빨리 얘기해 보라고요?

S#15   [회상] 20년 전, 영심이네 - 2층 테라스 (N)

14살 영심, 창문을 열고 하늘을 보며 기도한다.

어린 영심   내일 시험에 공부한 게 다 나오게 해주세요. 그래서
잘난 체하는 월숙이랑 경태의 코를 납작하게 해주세
요. 별님에게는 아주 쉬운 일일 거예요. 그죠?

S#16   [회상] 20년 전, 영심이네 - 마당 (N)

대광   내 딸이지만 못 말리겠네 오영심…. 어쩌다 저런 게
태어나가지고….

대광, 딸의 기도를 들으며 한 손으로 도화지에 펜을 끄적여 보는데, 무의식적으로 영심의 얼굴이 그려진다.

대광   (보다가) 어, 그래! 바로 이거야…!

"유레카!" 하고 외치는 표정이 되더니 갑자기 그림을 그려 나가는 대광.

대광   전대미문의 4차원 사춘기 캐릭터!!! 등잔 밑이 어두 웠어.

영심(NA) 그렇다, 《열네 살 영심이》 만화를 그린 오대광 작가 는 바로 우리 아빠다.

＊인서트 -
하얀 캔버스 위 영심의 만화 캐릭터 모습이 모양을 갖추기 시작한다. 모양을 갖추며 표정이 생기고 컬러가 입혀진다. 특유의 심통 난 표정을 짓는 영심. 페이지 넘어가는 효과와 함께 캐릭터가 움직이기 시작한다.

S#17   [회상] 몽타주

어린 영심   어… 이게 왜 이러지….

시험지를 보고 막막해진 영심, 고뇌에 빠진다.

| 어린 영심(N) | 세상에 별님… 공부한 게 한 문제도 안 나왔어요…. 이제 어쩔 수가 없네요…. |

낙심한 영심, 연필을 툭 떨어트리는데 굴러가다 4가 써진 면으로 멈춘다.

| 어린 영심(N) | 우와 별님, 고마워요! 4번이 나왔어요! |

영심, 연필에 써진 대로 4번을 체크한다.

| 어린 영심(N) | 왼손은 별님 오른손은 영심이! 가위바위보! 가위바위보! |

연필을 굴리고 가위바위보를 하며 답을 적는 영심.

어린 영심	(고개 숙인) 하… 이번 시험도 망했다….
담임	이번 중간고사 1등은… 오영심!
일동	??!!!

기뻐하는 영심.

퀴즈 대회, 진행자가 다음 문제를 내고 있다. 긴장한 표정의 영심.

진행자	현재 점수는 박상식 군이 210점으로 앞서는 가운데 그 뒤를 오영심 양과 김경술 군이 뒤따르고 있습니다. 마지막 문제는 시조의 작가를 맞추는 문제입니다. 벽오동 심은 뜻은 봉황을 보려~.
참가자 1	(버튼 누르며) 정답! 황진이!
진행자	땡!
참가자 2	(뒤이어 버튼 누르며) 정철!
진행자	땡!
참가자 3	정답! 이두보!
진행자	땡!
어린 영심(N)	어떡하지…. 난생 처음 들어보는 내용인데…. 도대체 누가 이런 어려운 시조를 쓴 거야….
진행자	이제 기회는 오영심 양에게만 있습니다.
어린 영심(N)	그래…. 이렇게 된 이상, 에라 모르겠다….

영심, 정답도 모르면서 마음이 급해 벨을 누른다.

진행자	네, 오영심 양. 이 시조의 작가는?
어린 영심	(자기도 모르게 눌렀지만 정답을 모른다) … 모, 모르겠어요.
진행자	아… 모른다?! 작자 미상…. 네, 정답이었습니다. 오영심 양, 시상대로 나오세요! 축하드립니다!

어린 영심(N)	진짜 정답이라고? 이게 맞는 건가?
어린 월숙	(분한 표정) 뭐야 오영심, 생각보다 늘 운이 좋단 말이야.

S#18 [회상] 몽타주

소복을 입고 머리를 풀어헤친 채 입에는 식칼을 문 영심.
변기에 앉은 채 거울을 쳐다보기 시작한다.

어린 영심	이렇게 하면 거울 속에 미래의 내 남편 얼굴이 보인다는 거지? 근데 나타났는데 못생겼으면 어쩌지?

영심, 불 꺼진 화장실에서 두근거리는 마음으로 거울을 들여다보는데,

어린 영심	근데 왜 이렇게 안 나타나….

그때, 거울에 드리우는 어떤 남자의 실루엣.

어린 경태	영심아 뭐 해…?
어린 영심	… *꺄아아악!!*

[회상] 영심이네 – 거실 (D)

TV에 나온 자신의 애니메이션을 보고 경악한 영심의 얼굴
로 이어진다. 흥분한 영심과 달리 태연한 가족들의 반응.

어린 영심   설마 저거 나야…? 내 허락도 없이 내 이야기랑 얼굴
            을 가져다 썼는데?

우상   가족끼리 뭐 어때?

진심   그래, 아빠 첫 상업 데뷔 작품인데 축하해야지. 축하
            해요, 아빠.

대광   고맙다.

영심   작품~? 저건 엄연히 내 사생활이라고. 아빠, 뭐라고
            말 좀 해봐. 응?

대광   아무리 내 딸이지만 나만 보기 아까워서 그려봤는데
            출판사 직원들이 엄청 좋아하대? 그래서 3년 동안
            그리던 거 접고 너한테 집중하기로 했다.

어린 영심   그럼 예쁘게나 그려주든가. 내 이마가 저렇게 넓어?

가족 일동   …. (긍정의 침묵.)

어린 영심   내 성격이 저렇게 더러워?

가족 일동   …. (암묵적 합의.)

대광   (울먹이는 영심을 토닥이며) 영심아, 자부심을 가져. 넌
            작가 오대광의 뮤즈야.

진심   영심아, 덕분에 드디어 집 담보 대출 다 갚게 됐대.

어린 순심   그럼 우리 이사 안 가도 되는 거야? 만세!

어린 영심	…. (기가 막혀서 할 말 잃은 표정.)
영심(NA)	그렇게 중학생 오영심의 사춘기는 전 국민에게 공개됐고, 아빠의 데뷔작 〈영심이〉는 모두의 예상을 깨고 높은 시청률을 기록해 버렸다.

S#20   [회상] 몽타주

예쁘게 입은 영심, 대문을 열고 나온다. 이런 영심을 아는 체하는 행인.

행인	니가 영심이니?

그 이후에도 걸어가는 영심이를 알아보는 사람들의 모습. 이웃은 물론 생전 처음 보는 사람들까지 알아보며 말을 걸어온다.

영심(NA)	그날 이후 사람들은 나에 대해 모두 아는 것처럼 얘기했고, 잘 알지도 못하면서 날 좋아하거나 싫어했다. 물론 그건 우리 가족도 마찬가지지만….

영심, 자기 이름을 부르는 소리만 들어도 화들짝 놀라며 귀를 막는다.

S#21   영심이네 - 부엌 (N)

굳게 닫힌 대광의 작업실과 영심을 번갈아 보던 우상.

우상   장인어른도 오죽하면 저러시겠어. 우리 영심 처제도
      남들처럼 알콩달콩 연애도 좀 하고! 그러다 제 짝 만
      나가지고 결혼도 하고! 행복하게 살라는 소리잖아.

진심   요즘 누가 나이 찼다고 결혼해. 다들 결혼 안 해도
      잘 살아. 영심아, 너 능력 있으면 혼자 살아 그냥.

영심   언니는 형부랑 결혼해서 잘 살잖아. 언니랑 형부가
      내 롤 모델인데?

진심   (당황해서) 어…. 어, 그래그래. 물론 형부 같은 남자
      만나면 더 좋지. 그래.

영심   에휴. 그런 남자를 어디서 만나냐.

우상   어? 〈사랑의 스튜디오〉. 여보 우리 〈사랑의 스튜디오〉
      에서 처음 만났잖아. 기억나?

＊인서트 -
스튜디오를 배경으로 커플이 되어 기념사진을 찍은 우상과
진심의 모습이 보인다. 그 옆엔 우상이 인기 가수로 활동할
때 사진도 몇 컷 보인다.

진심   맞네, 나 그거 깜빡하고 살았네.

우상   내가 한눈에 반했잖아.

순심	형부 진짜 잘나가는 가수였는데, 다들 기억나지?
우상	(잠시 그때를 떠올리는 듯한 표정으로) 내가 그때는 뭐신 급이었지. 근데 그 프로그램은 없어졌나? 진짜 잘나가던 프로그램이었는데.
지유	희망이 없네.

그때, 조용히 밥 먹던 순심이 채동 얘기를 꺼낸다.

순심	에이, 희망이 아주 없진 않지. 그 언니 좋아한다는 회사 후배 있잖아. 언니 생일 때 케이크랑 치킨 사 들고 온 그 멍뭉이같이 생긴 애. 난 걔 귀엽던데?
영심	아, 채동이? 걔랑은 그런 사이 아니야.
순심	오영심. 그냥 너 좋단 사람 있을 때 그냥 만나라.
우상	그 있잖아, 옛날에 있잖아. 슈크림 사 들고 맨날 영심 처제 졸졸 쫓아다녔던 경태.

그 순간, 진심이 우상의 옆구리를 쿡 찌르고, 아차 싶어 입을 다무는 우상. 경태 이야기가 나오는 순간 영심의 안색이 급격히 어두워지고 현관으로 나가버린다.

지유	(진심에게 묻는) 경태가 누군데?
진심	쉿, 영심이 이모 인생 금기어 하나 있어.

S#22 영심이네 - 마당 (N)

영심, 마당으로 나와 한숨을 쉬며 하늘을 바라본다.

영심   이건 분명 왕경태의 저주일 거야…. 그래… 그때부
           터지.

어린 경태(E) 영심아~ 놀자.

           경태의 목소리가 들려오는 것 같아 대문으로 다가가는 영
           심. 문을 열면,

S#23 [회상] 20년 전, 영심이네 골목 (D)

까만 뿔테 안경을 쓰고 양쪽 볼에 여드름이 난 경태가 영심
이를 기다리고 있다. 영심은 이런 경태가 마음에 안 든다는
듯 고개를 돌린다.

어린 영심   싫어.

어린 경태   넌 내가 왜 싫은데…?

어린 영심   한마디로 매력 없어. 작고 못생겼어.

어린 경태   그건 너도 마찬가지잖아!

어린 영심   (발끈) 바로 그 점이야! 넌 여자 마음을 몰라. 정신연
           령이 낮고 무엇보다도 박력이란 게 없어!

어린 경태	너처럼 키로 사람을 구분하는 것은 좋지 않다고 생각해. 나는 성실함의 차이로 사람을 구분해야 한다고 생각해.
어린 영심	하지만 키 크고 성실하기까지 하다면 더욱 멋있지 않겠니?
어린 경태	사, 사람은 삶의 내용으로 평가되어야 하는 거야!
어린 영심	그래? 그럼 공원에 있는 나무에 올라가 봐.
어린 경태	나무? 어떻게…?
어린 영심	그것 봐. 그게 너와 나의 차이야. 못 올라갈 나무는 생각도 하지 말란 말이야.
어린 경태	그런 뜻이라면 올라갈 수 있어! 난 너를 위해서라면 뭐든지 할 수 있다고!
어린 영심	그 말 책임질 수 있어?

S#24   [회상] 공원 (D)

낑낑거리며 나무 위에 올라갔지만 내려오질 못하는 경태.

어린 경태	(울상) 너무 높은데…? 무서운데…? 사, 사람 살려주세요~. 누가 나 좀 내려줘요~. 영심아~ 으아!

그러다 그만 균형을 잃고 '쿵' 하고 엉덩방아 찧으며 구르는 경태. 이런 경태를 한심하게 쳐다보며 돌아서는 영심.

어린 경태   영심아! 영심아!!

S#25   [회상] 맛나제과 (D)

경태가 웃으며 영심에게 선물 상자 하나를 건넨다.

어린 경태   생일 축하해 영심아. 이거 그때 니가 갖고 싶다 했던
              거. 밖에 이름도 새겼어.
어린 영심   (쇼핑백을 확인하고는 만족스러워하며) 그래, 잘 쓸게.

              경태가 준 헤드폰은 상당히 고가로, 영심의 이름이 새겨져
              있다.

어린 경태   그럼 내 생일날 놀 수 있는 거지?
어린 영심   그래, 뭐…. 약속은 약속이니까. 6시에 공원 앞에서
              만나.
어린 경태   (기쁜 표정으로) 응!

S#26   [회상] 공원 (N)

저녁이 되어 깜깜해지도록 나타나지 않는 경태.

어린 영심	뭐야…. 왕경태 왜 안 와? 감히 날 기다리게 해? 어디 한번 나타나기라도 해봐. 내가 박살을 내줄 테니까.

S#27 [회상] 공원 – 공중전화 박스 (N)

영심, 공중전화로 경태에게 전화를 거는데 경태 엄마가 대신 받는다.

경태 모(F)	경태 오늘 미국으로 어학연수 갔는데…?
어린 영심	(금시초문) 어…학연수요? 언제 오는데요?
경태 모(F)	이상하네…. 경태가 얘기 안 했니? 우리 이민 가기로 했는데. 우리도 곧 따라갈 거란다.
어린 영심	(금시초문) 이민이요?

경태 엄마의 말을 듣고 멍해진 영심의 표정. 손에는 경태에게 주려던 곰 인형이 들려 있다.

영심(NA)	그 이후로 왕경태는 거짓말처럼 감쪽같이 사라졌다. 시원할 줄 알았는데 이상하게 허전했다. 가슴 한구석이 뻥 뚫린 것처럼.

S#28　　영심이네 - 마당 (N)

밤하늘을 바라보며 회상하는 영심.

영심　　　아직까지도 이해가 안 된단 말이야. 평소에 내가 구
　　　　　박을 좀 하긴 했어도…. 그렇다고 말도 없이 약속도
　　　　　안 지키고 사라져 버리냐, 쪼잔한 놈.

　　　　　영심, 인기척 들려 뒤돌아보자, 마당으로 나오려던 대광이
　　　　　보인다. 눈이 마주치는 두 사람, 잠시 부녀간의 어색한 침묵
　　　　　이 흐르는데…. 이런 대광에게 먼저 다가가는 영심.

영심　　　아이, 아빠…. 아까 투덜거려서 미안하다고….
대광　　　됐어. 못 들은 걸로 하고 너 하고 싶은 대로 다 하면
　　　　　서 살어.
영심　　　아빠, 나 이번에 연애….
대광　　　(연애라는 말에 반색) 연애?
영심　　　아니, 연애 예능 프로 하나 맡았다고.
대광　　　(실망) 난 또…. 진짜 연애 하는 줄 알았잖아.
영심　　　아직 현실 연애는 못 하지만 연애 예능은 이번에 진
　　　　　짜 꼭 잘 만들 거야. 열심히 해서 꼭꼭꼭 인정 받아
　　　　　서 아빠가 성공한 영심이 당당하게 다시 그릴 수 있
　　　　　도록 해볼게요!
대광　　　그래, 고맙다.

영심, 새로운 결심 다진 듯 눈빛이 또렷해진다.

S#29   방송국 전경 (D)

방송국 전경이 보인다.

S#30   방송국 - 중회의실 (D)

며칠 후, 그 눈빛 그대로, 하지만 밤샘으로 인해 조금 초췌해진 모습으로 앉아 있는 영심. 테이블 위에 놓인 출연 후보 프로필이 종류별로 깔려 있다.

채동   이 사람 나 인스타에서 봤는데! 와, 선배. 언제 다 이렇게 섭외했어요?

영심   그동안 쌓인 지인 인맥 다 동원하고, 무릎이 닳도록 읍소를 했지. 손 편지도 쓰고 DM도 한 삼천 개쯤 보냈을걸….

채동   삼천 개? 대박. 진짜 이번에 칼 갈았구나.

영심   칼 갈아야지.

장환   근데 연애 예능이니까 좀 더 특색 있는 여자 출연자 한 명 더 있음 좋을 거 같은데.

영심   그래…? 아! 나 친구 중에 섭외할 사람 한 명 있다.

장환	친구요?
영심	어, 연애 유튜버. 유명한 애 있거든. 어때, 괜찮지?
장환	괜찮지!
영심	잠깐만! 나 전화 한번 해볼게.

S#31   월숙 작업실 (D)

유튜브에서 연애 관련 콘텐츠로 활동하고 있는 월숙. 작업실엔 월숙의 유튜브 채널 타이틀 〈연애의 구월〉이 붙어 있다. 작업실에서 노트북으로 작업하고 있는 와중 휴대폰 화면에 '오영심' 이름이 뜬다.

S#32   [교차] - 방송국, 월숙 작업실 (D)

두 사람의 통화, 교차 화면으로 진행 된다.

월숙	어, 영심아 오랜만이야~.
영심	어, 월숙아. 잘 지냈어? 다른 게 아니고 내가 이번에 연애 예능 프로그램 하나 하게 됐는데, 너 출연 안 할래?
월숙	거기에 나보고 출연해달라고?
영심	응, 촬영은 하루면 되거든. 부탁 좀 할게. 친구 좋은

월숙	게 뭐냐. 어차피 너 연애 유튜브도 홍보되고 좋잖아?
	근데 그거 1회성 파일럿이라며. 내가 거기 출연할 급
	은 아닌 거 같은데…. 누구 나오는데?
영심	엄청 핫한 일반인들 나오는데.
월숙	일반인…? 별로 안 땡기는데. 생각은 해볼게. 아! 너
	무 기대는 말고. (전화 먼저 끊어버린다.)
영심	구월숙…. 잘난 척하는 건 여전하구만.

S#33   방송국 – 중회의실 (D)

전화를 끊고 들어오는 영심. 화이트보드에 후보들의 이미
지가 나열되어 있다. 채동, 여자 파트에 두 명, 남자 파트에
두 명씩 이미지를 옮겨 놓는다.

채동	선배, 친구 한대요?
영심	일단 올려. 내가 어떻게든 섭외해 올 테니까.
채동	와, 추진력 뭐야. 오케이. 그럼 거의 완성되는데?

채동이 마지막 여자 칸에 '영심 선배 친구'라고 써 넣는다.

장환	그럼…. 이제 남자 1명 남은 거죠?
영심	그치…? 한 명은 헬스 트레이너, 한 명은 시인이고.
	나머지 한 명은…. 젊은 사람들 중에 스타트업 하고

좀 그런 사람들 있잖아. 젊은 CEO…. 이런 사람들은
어때?

채동 (휴대폰 보다가) 아, 스타트업이면… 혹시 이 사람은
어때요?

영심 누군데?

채동이 휴대폰으로 킹블리 홈페이지를 보여준다.

채동 요즘 완전 뜨는 유니콘 스타트업 있거든요. 패션 이
커머스로 돈 엄청 벌었는데 여기 대표가 이번에 서
울에 들어왔다고 하더라고요.

상은 선배, 이 사람 나오기만 하면 그냥 대본이고 뭐고 무
조건 대박 날 걸요?

장환 그 사람 섭외 안 될걸요. 지금까지 모든 연락을 다
칼같이 거절했대.

영심 (자신 있는 표정으로 쳐다보며) 내가 또 누구냐? 섭외
하면 오영심이 아니겠습니까. 내가 한번 해볼게.

S#34   방송국 - 예능국 사무실

영심, 자리에 앉자마자 바로 '킹블리'에 대해 검색한다. 브
랜드 기사 및 제품, 매출 관련 기사가 많이 뜬다.

영심	스타트업이라더니…. 매출이 어마어마하네. 0이 도대체 몇 개야.

이번엔 검색창에 '킹블리 대표'를 쳐보는 영심. 대표에 대해서는 거의 정보가 나오지 않고 추측성 기사만 보인다.

"베일에 싸인 킹블리 대표 마크, 유학파 30대 한국 남성으로 알려져"

영심	베일에 감춰져 있다 이거지…? 신비감까지, 좋았어. 내가 어떻게든 섭외하고 만다. 근데, 킹블리… 뭔가 익숙한데…?

✳ 인서트 -
영심, 어제 저녁 순심의 책상에서 본 킹블리 입사 축하 선물 키트 속 로고가 떠오른다.

S#35   카페 (D)

영심	순심아, 순심아! 여기!

순심이 초췌한 영심을 보고 창피한 듯 얼굴을 가리며 다가온다.

순심	여기서 순심이가 왜 나와. 나 오하윤이라니까. 그리고 꼬라지는 왜 이렇게 그지 같애. 창피하게 진짜.
영심	나 너랑 여기서 싸울 시간 없어. 일단 내가… 아, 아니지. 먼저, 킹블리 입사한 거 매우 축하하게 생각해.
순심	응~ 고마워.
영심	그러니까 단도직입적으로 뭐 하나만 물어볼게.
순심	뭔데.
영심	너네 회사 대표에 대해서 혹시 아는 거 없을까?
순심	갑자기 우리 회사는 왜, 대표는 또 왜 궁금한 거고.
영심	내가 이번에 연애 예능 프로그램을 맡았는데 너네 회사 대표를 섭외해볼까 해.
순심	… 꿈 깨세요. 옛말에 오르지 못할 나무는 쳐다보지도 말라는 말이 있어. 나도 아직 직접 본 적도 없어.
영심	서울에 들어왔다는데? 연락처 있을 거 아니야? 회사 연락망 이런 거 뒤져보면 나올 거 아니야.
순심	오영심 씨. 이 내 여자의 삘로 얘기하는데, 느낌이 영 안 좋거든…? 그니까 우리 회사에서는 손을 좀 떼주시는 게 어떨까요…? 그리고 연애 고자인 너랑 연애 프로가 진짜로 어울린다고 생각해? (자리에서 일어나며) 이 얘기 할라고 불렀어? 나 간다.
영심	이번 달 너의 카드값을 내가 내주는 건? 좀 삘이 오시나…?
순심	뭐라고요…? 카드값…?

자리에 다시 앉는 순심.

순심   … PD님, 우리 무슨 얘기 하고 있었죠…? 뭐가 궁금
하시다고요…?

영심   연락처.

순심   메일 주소면 될까요?

S#36   킹블리 – 대표실 (D)

경태, 자리에 앉아 컴퓨터 화면을 보고 있다. 그때, [프로그
램 섭외 요청의 건] 메일이 온다. [발신인: 오영심]을 보고
잠시 멈칫하다 메일을 클릭하는 경태. 메일 내용을 읽고는
오영심 PD를 검색해본다. 경태의 노트북에 검색 결과가 사
진과 함께 좌르르 뜬다. 검색 내용을 보고 생각하는 듯 책상
을 톡톡 손가락으로 건드리는 경태.

S#37   호프집 (N)

방송국 부근 호프집에서 술잔을 기울이는 영심과 채동. 영
심은 한 손에서 휴대폰을 놓지 않고 30초에 한 번씩 메일함
을 보고 있다.

채동	그만 보고 마셔요. 선배, 오늘까지 회신이 없는 거면 연락 없는 거예요.
영심	이상하게 오기가 생기네.
채동	정 안 되면 다른 스타트업 대표들 많잖아요.
영심	그래, 그럼 이렇게 하자. 여기 있는 동안 연락 안 오면 깨끗하게 포기할게.
채동	응. 깨끗하게.
직원(E)	내가 아까 비서실 갔다가 우연히 들었는데, 마크한테 연애 예능 출연 섭외가 왔대!

S#38　　킹블리 직원 단톡방 (N)

킹블리의 방송 출연 이슈로 술렁이는 킹블리 직원들의 메신저 방.

직원1	마크가 진짜 출연할까?
직원2	절대 안 하지. 마크가 목숨처럼 여기는 게 바로 프라이버신데.
직원3	그래도 나가면 효과 장난 아닐 텐데. 상장 이슈도 있잖아.
직원4	마크는 확실한 명분과 이득 없이는 절대 움직이지 않아.
직원5	과연 그럴까?

S#39　　호프집 (N)

그 사이, 거나하게 취한 영심과 채동.

채동　　선배, 진짜 집에 안 들어갈 거예요? 나 선배 일 도와
　　　　주느라 3일째 집에도 못 들어가고, 이게 뭐예요.

영심　　지금이라도 빨리 들어가서 푹 자.

채동　　서운하다 서운해…. 내 맘도 몰라주고.

영심　　모르긴 뭘 모르냐, 다 알지. 너 개고생 하는 거 내가
　　　　모를까 봐? 이 누나가 다 보상해 줄게, 됐지?

채동　　개고생은 무슨…. 근데 무슨 수로요? 어떻게 보상해
　　　　줄 건데요? 빨리 말해줘요.

• 영심　　원하는 게 있어? 원하는 게 있으면 얘기해 봐. 다 들
　　　　어줄게.

채동　　원하는 거…? 진짜요?

영심　　(피곤하다는 듯) 아, 뭔데. 뭔데 그렇게 뜸을 들여. 빨
　　　　리 말해. 마음 바뀌기 전에.

영심을 지긋이 바라보는 채동. 꼬이는 발음과 감기는 눈을
이기며 영심의 얼굴 가까이로 다가간다.

채동　　선배…. 아무리 생각해도 방송국에서 선배만 모르는
　　　　거 같거든요…? 사실은 저….

영심　　(벌떡 일어서며) 왔다!

영심이 킹블리 대표 '마크 왕'에게 보낸 메일에 회신이 도착해 있다.

채동   왔어…?

       * 인서트 -
       [마크: 출연하겠습니다. 대신, 조건이 있습니다.]

영심   너 법카 갖고 왔지? 법카로 계산하고 가! 대박….

       흥분한 영심, 가방을 챙겨 뛰어나가고 이 모습을 멍하게 보던 채동, 정신을 차리고 계산대로 간다.

채동   사장님, 계산이요.

S#40   영심이네 - 영심·순심이 방 (N)

       영심, 순심에게 오늘 있었던 프로그램 섭외 성공을 자축하며 이야기한다.

순심   프로그램 전체 PPL 해주는 조건으로? 못 이기는 척하면서 딜 제대로 했네.
영심   나도 이제 뭔가 되려나 보다. 킹블리를 섭외하다니.

순심	얼굴 직접 안 봐도 돼?
영심	잘생기면 잘생긴 대로 좋고, 못생기면 못생긴 대로 이슈가 되겠지. 어차피 화제성 때문에 섭외한 거니까 아무래도 상관없어.

그때, 영심의 휴대폰으로 문자가 도착한다. 구월숙이다.

[월숙: 나 그거 출연할게.]

영심	아싸! 마크 왕에 이어 구월숙도! 다 해결됐어! 다! 야, 월숙이 우리 프로그램 출연한대.
순심	아직도 월숙이 언니랑 같이 놀아? 아, 느낌 좀 쎄한데…. 조심해. 그 언니 꼭 결정적일 때 뒤통수치잖아.
영심	그거는 옛날 얘기고 이제 월숙이도 좀 달라지지 않았을까? 같이 나이 들어가는 처지에 서로 돕고 그러는 거지, 뭐.

기뻐하는 영심을 어딘지 불안하게 쳐다보는 순심.

영심	나 이제 꿀잠 자겠다, 흐흐.

베개에 머리를 대자마자 코를 골며 잠드는 영심.

S#41   몽타주

출연진 인터뷰, 장비, 장소 섭외, 무대 제작, 스케줄 조정 등 연이은 회의와 현장 준비로 바쁜 나날을 보내는 제작팀의 모습. 영심도 제작진 틈에서 정신 없이 뛰어다니며 꼼꼼히 체크하고 준비한다.

[자막: 2주일 후]

S#42   〈사랑의 짝대기〉 세트장 (D)

촬영장을 점검하며 리허설 준비 중인 영심. 연이은 밤샘으로 다크서클이 짙게 내려왔다.

채동   다들 편하게 인사들 나누시고요. 여기 오영심 메인 PD님께서 오늘 촬영에 대해 간단하게 설명하실 겁니다.

영심   안녕하세요. 오늘 잘 부탁드립니다.

채동의 안내에 따라 인사를 나누는 출연진들. 아직 월숙과 여자 1(이하, 정진), 남자 1: 헬스 트레이너(이하, 삼두), 남자 2: 작가(이하, 호재)뿐이다.

| 영심 | 한 분 안 오신 것 같은데? |
| 채동 | 바로 확인해 볼게요. 잠시만요. |

도착하지 않은 여자 출연자에게 전화를 걸며 세트장 뒤쪽
으로 이동하는 채동.

| 영심 | 오늘 잘 부탁드리고요. 일단 촬영하기 전까지 안에 대기실에서 음료랑 과일 드시고 계시면 들어가기 전에 다시 알려드리겠습니다. 안에 시원한 거 있으니까 먼저 드시고 계세요. 예능 2팀~ 이쪽으로 이동하실게요. |

아직 오지 않은 출연자가 신경 쓰이는 듯 시계를 보는 영심.

영심	(살짝 초조) 촬영 시작해야 하는데…. 한 분은 왜 안 오시지?
장환	지금 마지막 남자 출연자 마크 님, 도착했답니다.
영심	아, 그래? (시계 보며) 시간 딱 맞게 도착했네. 근데 왜 안 올라와?

두리번거리는 영심에게 엘리베이터 쪽을 가리키는 장환.

| 장환 | 아, 거기 말고 저기 엘리베이터 쪽이요. |

그때, 엘리베이터 쪽으로 덩치 크고 우락부락한 남자(직원, 봉구)가 들어온다.

영심(NA)   저 사람이 마크?
영심   (봉구 쪽 보며) 안녕하세….

그 순간, 봉구가 옆으로 비켜나고 뒤에서 여유롭게 미소를 지으며 성큼성큼 걸어 들어오는 진짜 마크. 영심, 마크의 얼굴을 뚫어져라 쳐다보다 점점 설마… 하는 표정이 된다.

영심(NA)   싸늘하다….

영심, 20년 전 코찔찔이 왕경태로는 보이지 않을 만큼 환골탈태하긴 했지만, 왕경태라는 것을 알아차린다. 영심 앞에 다가와 직접 자신을 소개하는 마크.

경태   안녕하세요. 킹블리 대표 마크, 왕. 경. 태입니다.
영심   …!!

경태, 소개를 하며 영심을 쳐다본다. 영심과 시선이 마주치며 아주 미세하게 표정이 흔들리지만 포커페이스를 유지하는 경태. 순간 현재 영심과 경태의 모습 위로 20년 전, 어린 경태와 영심의 모습이 잠시 오버랩 되며,

영심(NA)　　　그 20년 전, 왕경태가 내 앞에 다시 나타났다.

넋이 나간 표정으로 경태를 바라보는 영심과 여유 있는 미소를 짓고 있는 경태.

2화

추억보다 깊은 뒤끝

2

S#1   〈사랑의 짝대기〉 세트장 (D)

영심(F)   마크가… 내가 아는 그 왕경태라고? 아냐 아냐. 분명 동명이인일 거야….

모델 같이 서 있는 경태의 모습.

영심(F)   저렇게 잘생기고…. 무엇보다 저렇게 성공했을 리가 없잖아? 킹블리를 만들었다고? 땅꼬마 코찔찔이 왕경태가?

여자 출연자들과 스태프들의 빠진 듯한 표정과 의심스럽게 경태를 쳐다보는 영심이 보인다. 그때, 월숙이 달려와 영심을 툭툭 친다.

월숙　　그 왕경태 맞지? 왜 얘기 안 했어? 지인 특집이야?

영심　　(여전히 멍한) 니 눈에도 쟤가 왕경태로 보이니?

월숙　　옛날 생각이 안 날 정도로 멋있어지긴 했지만…. 왕경태라는 이름이 흔해? 그리고 무엇보다 그때 그 얼굴이 남아 있어.

영심도 그 말에는 공감하는 표정이 된다.

영심　　킹블리가 왕경태라고…?

월숙　　가서 물어보자.

영심　　진짜 왕경태면 어떻게 해.

월숙　　(이해 안 간다는 듯) 그럼 완전 재밌어지는 거지 뭐. 확인해 보자.

영심, 월숙의 말에 등 떠밀리듯 경태에게 다가간다. 그때, 스태프 1이 월숙을 부른다.

스태프 1　　구월숙 님, 마이크 달아야 해서 이쪽으로 잠깐 와주시겠어요?

월숙　　(가면서) 네네. 알았지? 꼭 물어봐.

영심　　구월숙…!

월숙이 가고 경태와 단 둘이 남은 영심. 가까이서 보니 월숙의 말대로 예전의 경태 얼굴이 보이는 것 같다.

영심   (말 더듬으며) 호, 혹시…. 그… 와, 왕경….

경태   잘 안 들리는데요.

영심   (좀 더 크게) 왕경태 맞지…?

경태   제 본명이 왕경탠데… 절 아세요? 오영심 PD님?

봉구   대표님. 저쪽에 가 앉아 계시죠.

경태, 영심을 지나쳐 의자에 앉는다. 여전히 알쏭달쏭해 보이는 영심의 표정.

영심   (경태 보며) 왕경태가 맞는데…? 왕경태가 맞는 것 같은데….

그때, 채동이 미친 듯이 달려와서 영심을 잡고,

채동   선배선배선배! 큰일 났어요. 큰일 났다니까!

장환   왜왜왜왜왜.

채동   (헉헉대며) 그 여자, 김규리 출연자. 촬영장 오다가 교통사고 나가지고 지금 병원으로 가는 중이래요.

영심   교통사고?! 야! 아니… 괜찮대?

채동   앰뷸런스 타고 가면서 직접 전화가 오긴 했는데…. 아무래도 촬영은 힘들 것 같은데요.

영심	(당황) 아… 큰일 났네….
상은	저희 곧 슛 들어가야 되는데요, 선배님….
채동	어디서 출연자를 구할 수도 없잖아요.
영심	야, 그 연락망 보고 보조 출연자 분들 연락해 봐.
장환	제가 연락해 볼게요.

그때, 스튜디오에 내려온 국장.

국장	뭔가 불안하다 했다. (스태프들 인사 받으며) 지금 이럴 시간 있어?

국장이 상황을 보고 영심에게 다가온다.

영심	(당황) 여긴 어쩐 일이십니까?
국장	희진이네 보러 가다가 요 킹블리가 진짜 왔나 해서 왔더니만 쯧쯧, 출연자 조건이 뭐야?
장환	미혼에 신체 건강한 대한민국의 2·30대 남녀.
채동	어, 잠깐만…? (영심과 국장을 번갈아 본다.)
국장	확 씨! 방송이 장난이냐!
채동	아… 그죠…?
영심	나…?

동요하는 현장 분위기와 함께 흔들리는 영심의 동공. 국장,
아니라는 듯 고개를 절레절레 흔든다. 영심, 당황한 표정을

짓다 이내 결심한 표정이 된다.

영심   오케이, 까짓거 하면 되지. 나도 할 수 있어!

국장   진짜… 괜찮겠어…?

상은   신체 건강한 대한민국 남녀면서… 매력 자본이 엄청
          나야 되는데….

국장   매력은 없어도 개인기랑 치트키는 있잖아.

영심   암요. 제가 또 매력 하면 엄청나죠. 일단 분발해 보겠
          습니다! 일단 상황 체크하고…. 나 분장부터 받고 올
          게! (분장실로 달려가며) 분장팀~.

분장실로 달려가며 문제 없다는 듯 익살스럽고 귀엽게 오
케이 사인과 엄지 척을 지어 보이는 영심. 그리고 이런 모습
을 흘끗 보는 마크.

S#2   〈사랑의 짝대기〉 세트장 – 분장실 (D)

분장실에 앉아 메이크업을 받는 영심의 어색한 모습, 고속
으로 빠르게 보여진다.

S#3　〈사랑의 짝대기〉 세트장 (D)

잠시 후 촬영장에 다시 나타난 영심을 보고 놀란 듯 낯선
표정으로 쳐다보는 채동.

영심　　(뛰어오며) 야, 채동아. 됐냐?

채동　　어, 선배….

메이크업한 영심, 민낯일 때와는 분위기가 다르게 제법 예
뻐 보인다.

영심　　왜? (어색) 아씨… 이상하지…?

채동　　아뇨….

영심　　(일정표 채동에게 넘기며) 이거 들고 있어. 세팅 끝났
　　　　지? 나 올라간다.

장환　　지금 시작해야 돼요!

영심　　자, 준비됐으면 가자!

여자 3 자리에 쭈뼛쭈뼛 대신 서는 영심.

장환　　자, 준비되셨으면 갈게요. 하이~ 큐!

촬영장 대형 스크린 위로 캐릭터 AI가 나타나 프로그램 시
작을 알린다[MC 대신 킹블리 인공지능 프로그램의 진행].

| AI | 규칙은 쉽고 간단합니다. 킹블리 코퍼레이션에서 개발한 AI에 의해 매칭된 순서와 추억의 복고 테마에 맞춰 데이트가 진행됩니다. |

AI의 설명을 듣는 출연진들.

| AI | 한정된 1일, 각기 출연자와 한 번씩 정해진 시간 동안 데이트를 한 뒤 최종 선택이 진행됩니다. 먼저 본인 소개에 앞서 서로의 첫인상만으로 마음을 확인해 볼까요? |

멘트가 끝나고 남자 셋(삼두, 호재, 경태), 여자 셋(영심, 월숙, 정진)으로 나뉜 출연자들이 서로를 살펴보고 설정된 앱 안에서 첫인상 선택 버튼을 누른다.

| 영심(NA) | 그래, 벌써부터 긴장하지 마. 내가 첫인상이 나쁜 편은 아니니까! |

영심의 말이 끝나기도 전에 투표 결과가 화면에 뜬다. 남자는 모두 1표씩. 여자는 정진 1표, 월숙 2표, 영심 0표.

| AI | 결과 잘 보셨나요? 첫 번째 데이트, 시작합니다! |

S#4   분식집 (D)

[자막: 삼두♥영심 떡볶이 데이트(서로의 이름과 직업도 뜬다.)]

헬스 트레이너인 삼두와 데이트를 하는 영심. 긴장한 영심과 달리 뭔가 세상 시큰둥한 삼두의 표정. 어색함을 풀기 위해 이리저리 기회를 보던 영심이 말한다.

영심   혹시… 그 바디 프로필 찍으려면 얼마나 걸려요…? 저도 막 모델들처럼 S라인 요런 것도 가능할까요?
삼두   PD시면 바쁘잖아요. 그냥 생긴 대로 사세요.
영심   하하하…. 생긴 대로….

삼두, 영심에게 무례하게 관심 없다는 듯 다리 꼬고 다른 곳을 쳐다본다. 이런 삼두를 보며 부글부글 속이 끓어오르는 영심.

영심(NA)   뭐, 새, 생긴 대로? 몸 좋은 인기 트레이너면 다냐, 이 씨…?

영심, 분노해 테이블 탁 치고 일어나는데,

영심   저기요!

영심(NA)	개매너에… 드럽게 까칠하네!
채동	(영심의 분노 눈치 채고 입 모양과 제스처로) 안 돼! 캄 다운!
영심	<u>으으</u>….
영심(NA)	결국 그걸 꺼내야 하나….
삼두	네? 뭐 할 말 있어요…?
영심	그게 아니고요… 후…. 호, 혹시 오영심 아세요? 〈영 심이〉.

결국, 그렇게 쓰기 싫었던 치트키를 꺼내는 영심.

삼두	영심이요…? 사람 이름이에요?
영심	〈영심이〉 몰라요?
삼두	몰라요.
영심	헐, 〈영심이〉 노래 들어본 적 없어요?
삼두	없어요….
영심	모를 리가 없는데, (갑자기 율동과 함께 노래 시작) 하 나면 하나지 둘이겠느냐~ 둘이면 둘이지 셋이겠느 냐~ 셋이면 셋이지 넷은 아니야~.

영심, 눈 딱 감고 노래 부르며 개인기 펼치는데, 귀여운 듯 보는 채동과 다르게 삼두의 낯빛이 점차 검게 변해간다.

삼두	(말리며) 아, 앉아요…. 사람들 다 보잖아요. 아무리

들어도 전혀 모르겠어요….

영심   에? 모를 리가 없는데? 잘 들어봐요. (계속 노래) 다섯
         이면 다섯이지 여섯 아니야~ 랄라랄라랄.

삼두   (힘으로 앉히며) 앉으세요, 이거 민폐예요. 제가 말투
         는 이래도 어렸을 때부터 외국에서 살아서 텔레비전
         도 거의 안 봤어요.

         삼두의 반복되는 시큰둥한 반응에 당황하는 영심.

영심   이거… 미국에서도 아는 영심인데…? 인지도가 많
         이 떨어졌나…?

         당황한 영심, 열심히 찍고 있는 채동 보고,

영심   (소근소근) 분량 많이 나왔어…?

채동   (절레절레) 남자 쪽 분량은 하나도 못 건졌어요.

영심   헉…!

         삼두, 고개를 돌리다 스태프들 속 채동과 눈이 마주치자 작
         게 "그래서 이거 언제 끝나요?" 하고 묻는다. 무안해지는
         영심, 분식집에 붙어 있는 홍보 문구를 발견한다.

         [매운 만큼 사랑도 불탄다~ 매운맛 커플 챌린지! 5단계 매운
         맛 5분 안에 먹기 성공하면 한 달 동안 모든 메뉴 무료~]

영심	(이거다!) 오, 저거! 저저저저저거! 우리 저거 해요! 5분 안에 먹으면 저거 공짜로 준대요. 저거 해요!
삼두	(홍보 문구 보다가) … 무식하게 저걸 왜 해요.
영심	아이, 재밌잖아요. 해요!
삼두	떡볶이는 고추장 탄수화물, 밀가루 탄수화물… 설탕도 엄청 들어 있고 칼로리 높고….
영심	(직원 향해) 저기요, 여기! 여기! 5단계 도전할게요!
삼두	어후… 하고 싶으면 하시든가.

cut to

땀을 뻘뻘 흘려가며 매운맛 떡볶이를 흡입하는 영심. 먹다 보니 분량도 분량인데 승부욕이 치솟는다. 이런 영심을 이해 못 하겠다는 듯 쳐다보는 삼두.

영심	(우적우적 먹으며) 시간 얼마나 남았어요?
삼두	(건성으로 시계 보며) 시간 다 됐어요.
영심	아, 안 되는데! (삼두 보며) 이거 계란 하나만 먹어 주세요.
삼두	… 그럼 흰자만 먹을게요. 노른자는 지방이 너무 많아서….

삼두, 그릇에 놓인 계란 하나를 가져다 노른자를 쏙 빼고 먹는다.

| 삼두 | … 맛은 있네. |

촬영은 잊고 열심히 남은 떡볶이를 흡입하기 시작하는 영심. 결국, 타이머가 울림과 동시에 떡볶이 한 판을 모두 먹는 데 성공한다.

영심	(입안 가득 물고서) 와아악!
직원	(놀라며) 서, 성공. 이벤트 열고 성공하신 분은 처음이에요. 앞으로 한 달 동안 전 메뉴 공짜입니다.
영심	예에쓰!!!

웃고 있는 영심의 입술이 붉게 부르터 있다. 매운지 씩씩 숨을 몰아쉬는 영심. 삼두, 이런 영심에게서 멀찍이 떨어진다. 이렇게 영심의 첫 번째 데이트가 굴욕적으로 끝난다.

S#5   킹블리 (D)

[자막: 경태♥정진 킹블리 투어 데이트(서로의 이름과 직업도 화면에 뜬다.)]

그 시각, 정진과 함께 자신의 회사를 둘러보는 경태.

| 정진 | 대표님, 대표님은 패션이 뭐라고 생각하세요? |

경태	저는 패션이 단순히 옷이 아니라 개인의 가치를 높여주는 무기라고 생각합니다.
정진	네, 저도 그렇게 생각해요. 근데 킹블리는 어떻게 하다 창업하게 된 거예요?
경태	어릴 적 어떤 사건으로 매일 밤 악몽에 시달리면서 뇌 과학에 관심을 갖게 됐죠. 자연히 대학에서 인공지능을 공부하게 됐고요.
정진	그 어릴 적 사건이 뭔데요?
경태	흠흠, 그건…. 자세하게 얘기할 수 없지만 딥러닝 기술을 활용해 시간 낭비 없이 자신만의 스타일을 빠르게 찾게 만들고 싶었습니다.
정진	아~.
경태	그렇게 창업 초기부터 패션의 교과서와 같은 데이터를 만들기 위해 밤낮없이 일했고, 덕분에 모두를 위한 패션 AI를 개발해 여러 곳의 큰 투자를 받으며 킹블리가 시작된 겁니다.

경태 뒤로 사업 마인드 맵과 지도가 멋지게 보여진다.

정진	아~ 그렇구나.

경태의 창업 스토리를 듣던 정진과 스태프들이 경태를 멋있다는 듯 쳐다본다.

S#6 킹블리 – 구내식당 (D)

투어를 마치고 구내식당으로 들어서는 경태와 정진. 유명 백화점 푸드 코트 못지않은 퀄리티다.

정진 어, 케이터링 서비스도 있네요. 역시 킹블리라 그런 가 사내 복지가 좋네요.

경태 오늘의 메뉴는 목초와 마늘만 먹여 키운 무항생제 흑돈으로 만든 추억의 왕 돈가스네요. (중얼) 하필….

S#7 [회상] 플래시백, 분식집 (D)

20년 전, 분식집에서 음식을 주문하는 영심과 경태.

어린 영심 나 돈가스 먹고 싶어.

어린 경태 니가 좋으면 나도 좋아.

어린 영심 (메뉴판 보고) 반반 돈가스만 할인이네, 음…. (지갑 보 며) 저희 반반 돈가스 하나 주세요.

잠시 후, 매운 맛, 순한 맛 반반 돈가스가 나온다.

직원 반반 돈가스 나왔습니다.

경태가 순한 맛 돈가스를 집으려는데, 영심이 저지한다.

어린 영심	나 매운 거 잘 못 먹는단 말이야.
어린 경태	… 나돈데.
어린 영심	넌 무슨 남자가 매운 것도 못 먹니? 잘하는 게 뭐야.

영심의 말에 시무룩하다 이내 매운 돈가스를 억지로 먹기
시작하는 경태.

어린 경태	먹을 수 있어. 할 수 있어.

매운 맛에 괴로워하는 경태.

S#8　　킹블리 - 구내식당 (D)

경태와 정진, 테이블에 마주 앉아 화기애애하게 식사를 시
작한다.

경태	네, 한번 드셔보세요. 이 흑돈으로 만든 추억의 왕 돈
	가스가 저희 회사의 자랑이거든요.
정진	네….
경태	잘 안 잘리세요?
정진	아… 네.

경태	(나이프 현란히 휘두르며) 그럼 제가 좀 잘라드릴게요. (자르며) 어휴, 이 녀석 참···.

S#9   한강 (D)

[자막: 호재♥영심 오리배 데이트 [[둘의 정보가 화면에 뜬다.]]

전동 오리배를 타고 한강을 유유히 노니는 영심과 호재.

채동	(무전기에 대고) 이제 슛 들어갑니다. 오늘 준비 다 잘했지?
상은	네.
채동	안전이 제일 중요한 거니까 안전을 제일 신경 쓰고···. 자, 가자!
상은	네!

영심, 옷에 달린 마이크로 채동에게 지시한다.

영심	(속닥거리며) 채동아, 그럼 예쁘게 나오게 멀리서 찍어. 알았지?

이런 영심에게 말을 거는 호재.

호재	오리배는 거의 20년 만에 타보는 거 같아요. 그 사이 전동 오리배도 나오고.
영심	아하하, 저도요. 대낮 평일에 한강에서 이런 뱃놀이를…. 이런 게 행복이란 거 아닐까요…?
호재	(갑자기 진지해지며) … 영심 씨, 행복이란 뭘까요.
영심	네…? 행복이요…?
호재	네, 행복이요. 저의 첫 단편소설도 그렇고 제가 늘 질문을 던지고 싶은 화두가 바로 행복이거든요. 제 작품 읽어보셨죠?
영심(F)	아, 작가라 그랬지…. 하나도 못 읽었는데 어떡하지…?

영심, 망설이며 눈동자를 굴리자 채동이 급하게 옆에 놓인 스케치북에 '리액션' 글자를 써서 흔든다.

채동	(입 모양으로) 리액션!!

다시 한번 스케치북에 '빨리요!' 써서 흔드는 채동.

호재	영심 씨…?
영심	예? 아… 그게 행복이란 게…. 마음 울적한 날엔 거리도 좀 거닐어 보고, 달콤하고 독한 칵테일에 취해도 보고…. 한 편의 시가… 아니, 그림이 있는….
호재	와, 제가 대학 때 시 전공한 건 어떻게 알았어요?

영심	아…? 하하, 예? 하하하….

영심, 생각나는 대로 노래 가사를 대사처럼 읊어보는데, 이상하게 이마에 식은땀이 맺히기 시작한다.

호재	그런데, 영심 씨. 얼굴색이 좀 안 좋아 보이는데요?
영심	얼굴색이요? 제 얼굴 원래 똥색이에요…. 일에 항상 치여가지고….
호재	아뇨, 너무 창백해요. 하얗게 질려가지고.
영심	오랜만에 행복해서 그런가…. 하하, 좀 어지럽긴, 우욱….

갑자기 속이 울렁거리자 입을 틀어막는 영심.

＊인서트 -
조금 전, 분식집에서 떡볶이를 흡입하던 영심의 모습.

호재	왜요, 속이 안 좋아요? 막 토할 것 같아요?
영심	어? 아뇨, 아뇨. 괜찮아요.
호재	혹시 저랑 있는 게 불편하거나… 제 얼굴이 불편한 건 아니죠…?
영심	(고개 절레절레 흔드는데 속이 더 울렁인다) 우욱…!
호재	(당황해서) 어, 어 어떡하지?! 제가 최대한 빨리 선착장으로 갈 테니까 조금만 참아요.

영심	빠, 빨리.

그때, 설상가상 전동 모터가 멈추며 작동을 하지 않는다.

호재	(미친 듯이 수동 페달을 돌리며) 꿈쩍도 안 하는데…? 차, 참을 수 있어요?

모니터를 지켜보던 채동, 이상함을 감지한다.

채동(F)	(무전) 뭐야? 무슨 일이야?
호재	PD님!! 여기 토할 거 같아요!!
영심	우욱…!

영심의 등을 두들겨 주던 호재, 배가 휘청이자 그대로 영심을 한강에 빠트린다. 정신 못 차리고 허우적거리는 영심. 호재, 이런 영심을 보고도 강물에 선뜻 뛰어들지 못한다.

호재	어… 어떡해? 영심 씨….
상은	뭐…?
채동	어?? 선배!!

오리배 옆 고무보트에서 촬영 중인 채동, 영심이 빠진 것을 보자마자 망설임 없이 물로 뛰어들어 영심에게 다가간다.

cut to

구하기는커녕 허우적거리고 있는 채동, 수영을 전혀 못 한다. 창백한 영심이 이 악물고 구명조끼에 의지해 채동에게로 간다.

영심   어휴, 이채동 진짜! 일을 만든다, 만들어.

채동의 목덜미를 움켜쥐고 끌고 오는 영심.

채동   선배!! 선배!!
영심   (채동 때리며) 야!! 일을 만들어 진짜! 못 산다, 내가! 야, 정신 차려 임마! 일어나!

cut to

상은   선배, 괜찮으세요?
영심   어. 괜찮아, 괜찮아.

채동과 영심을 끌어 올리는 스태프들. 고무보트에 도착하자마자 채동은 기절한다. 채동이 무사한 걸 보고 그 옆에 쓰러지려던 영심, 자신이 차고 있던 물 먹은 마이크를 살피며 물기를 닦아낸다.

영심   아아악! 야, 마이크 마이크으…. 이거 되는 거냐…? 내 목숨보다 비싼 마이큰데….

상은	지금 마이크가 중요해요?
영심	이거부터 말려줘.

이런 영심을 못 말린다는 듯 쳐다보는 스태프들.

채동	(영심 보고 일어나는) 어…. 선배, 선배….
영심	(채동 밀어버리는) 야이 씨…. 얘는 마이크 없지? 야!! 여기, 여기. 헉! 인이어, 인이어! 으이구!! 이것도 말려.
채동	살았네… 살았어.

S#10   오락실 (D)

[자막: 경태♥월숙 오락실 데이트 (경태와 월숙의 정보도 함께 뜬다.)]

그 시각, 월숙과 오락실에서 데이트 미션을 하고 있는 경태. 추억의 게임들로 내기를 하며 신나는 시간을 보낸다.

월숙	너무 잘하시는데요?

펀치 기계 앞에 선 둘.

경태	옛날 실력이 나오려는지 모르겠구만~.

경태, 멋지게 펀치 기계를 향해 주먹을 날린다.

월숙	꺄~ 진짜 멋지다.
경태	한번 해볼래요? 저기 중앙을 때리면….
월숙	알겠어요!

자신보다 더 잘 하는 월숙의 모습에 눈이 동그래진 경태.

cut to

함께 펌프를 하며 은근슬쩍 경태를 관찰하다 떠보는 월숙.

월숙	마크 씨는 어릴 때 유학 갔다고 들었는데 저보다 훨씬 잘하네요?
경태	게임은 승부욕과 지략이 있으면 다 이기게 되어 있어요.

격한 펌프를 끝내고 자켓을 입는 경태를 빤히 보는 월숙.

월숙	… 혹시 어릴 때 안경 쓰지 않았어요? 그래서 별명이 안경테라든가….

그러자 경태, 주머니에서 안경테를 쓱 꺼내 쓰며,

경태	아, 안 그래도 저희 회사 신제품이 나왔는데. 어때요,

	잘 어울려요?
월숙	흠···.
스태프	저희 잠깐 끊고 메모리 좀 갈고 갈게요.

월숙, 잠시 카메라 위치 변경으로 정신 없는 틈을 타 경태에게 다가가 묻는다.

월숙	맞지? 너 내가 아는··· 왕경태 맞···.

그 순간, 갑자기 월숙의 팔목을 끌고 바로 옆 코인 노래방 칸으로 들어가 버리는 경태.

장환	어, 뭐야···?

S#11 　코인 노래방 안 (D)

마주 보고 있는 경태와 월숙.

월숙	이러는 걸 보니 왕경태 맞네.
경태	···.
월숙	왜 아무 말이 없어? 그동안 못 알아볼 정도로 멋있어지긴 했어도 내 눈썰미는 못 속여.
경태	···.

S#12 　오락실 (D)

장환이 따라 들어가려는데 마침 문을 열고 나오는 경태와 월숙.

장환　　왜 바로 나오세요? 거기서 뭐 하셨어요?
월숙　　아무것도 아니에요.

경태와 월숙, 서로 의미심장한 눈빛을 교환한다.

AI　　두 번째 데이트가 완료되었습니다. 중간 투표를 시작 합니다.

참가자들의 모습이 보여지고, 각자 고민하며 투표하는 모습이 보인다.

AI　　데이트 후 마음이 바뀐 참가자가 있을까요?

S#13 　〈사랑의 짝대기〉 세트장 (D)

AI　　흥미롭네요.

＊인서트 -

결과 화면

삼두 [0] 호재 [1] 경태 [2] / 정진 [1] 월숙 [1] 영심 [1]

AI   〈사랑의 짝대기〉, 최종 데이트가 시작됩니다.

S#14   **헬스장, 공원 (N)**

경태와 영심, 삼두와 월숙, 호재와 정진이 각자 데이트를 하
는 상황이다. 먼저 헬스장에서 데이트 중인 월숙과 삼두.

삼두   (운동기구 사용법을 알려주며) 이걸 가슴으로 당겨야
          해요.

월숙   어머~ 너무 잘하신다.

가슴 근육을 움직이는 개인기를 선보이는 삼두와 '까르르'
웃는 월숙. 한편, 호재와 정진은 공원에서 시집을 읽고 있다.

호재   마음가짐. 사랑은 갑작스러운 교통사고 같다고 하더
          니….

S#15   노래방 (N)

조금 전 물에 빠져 몰골이 말이 아닌 영심이 채동과 들어온다. 노래방을 보고 당황한 표정이다.

장환   (다가오며) 아, 괜찮으세요? 얘기 들었어요.

영심   괜찮겠니…? 한강물을 얼마나 먹었는데….

채동   형, 우리 죽다 살아났어요. 진짜….

장환   근데 안 괜찮아도 어쩔 수 없어요. 오늘 다 찍어야 되는 거 아시죠?

영심   (째려보며) 근데 뭐야, 우리 노래방 얘기는 없었잖아.

장환   (속닥) 제가 다 알아서 할게요. 떡볶이 먹어가면서 데이트할 바엔 이렇게 분량 뽑는 게 낫잖아요.

영심   (채동에게) 어떻게 좀 해봐라.

채동   ….

장환   선배, 평소 하던 대로 하세요. 이것만 하면 다 끝나요. 빨리 집에 보내드릴게요. 일단 머리부터 말리고 오세요.

채동   내 머리는…?

장환   선배, 파이팅!

세상 어색한 표정으로 서 있는 영심과 앞선 데이트와 다를 바 없어 보이는 표정의 경태.

장환	마지막 데이트는 미션이 있는 대결 데이트입니다.
경태	대결이요?
장환	아까 왕경태 님과 구월숙 님의 오락실 데이트에서 힌트를 얻어 봤는데요. 각자 서로의 노래를 골라주고, 그 노래로 점수가 더 높게 나오는 사람에게 원하는 소원을 들어주는 미션입니다.
영심	노래?
장환	시간 없어요, 선배. 각자 한 곡씩 서로에게 골라주세요. (스태프들 보며) 퍼펙트 스코어 모드, 준비됐죠?
상은	네, 됐어요
영심&경태	….

서로를 쳐다보는 두 사람, 말없이 시선이 오가다 미친 듯 노래방 책을 뒤지기 시작한다.

cut to
현재까지 서로 모르는 척하는데 성공한 영심과 경태. 마치 대결 구도처럼 양쪽 벽에 기대 서로를 쳐다본다.

영심	누가 먼저 할까요?
경태	…. (양보하듯) 레이디 퍼스트.
영심	후회하지 마시고.

경태가 노래방 번호를 누른다. 화면에 BROS의 〈WinWin〉이

뜬다. 선곡을 확인하는 순간 경태를 째려보는 영심.

영심   이거 17명이 부른 노래데 나 혼자 어떻게 하라고!
      이런 왕경, 아니, 왕마크…?

아랑곳하지 않고 바로 간주 점프를 누르는 경태. 영심, 다급
하게 마이크를 잡고 노래를 시작한다.

영심   여기서 멈추지 마라 Win아 Win아
      내가 기다려 왔다 忍(인)아 忍(인)아
      너를 참으며 지켜본다 忍(인)아 忍(인)아

17명이 내뱉는 온갖 크라잉 랩과 외계어 같은 영어 가사, 온
갖 고음으로 이루어진 곡을 소화하는 영심, 제대로 숨을 쉬
지도 못하는데 오기로 똘똘 뭉쳐 마이크에 랩을 내뱉는다.
가사는 마치 경태가 영심에게 하는 말 같기도 하다. 그 와중
에 90년대 음악 방송 스타일로 촬영하는 후배들.

장환   야, 생각보다 잘하는데….
상은   어? 진짜 장난 아닌데요.
채동   저러다 숨 넘어갈 거 같은데 진짜.
영심   그대 걷고 있나 그대 뛰고 있나
      나는 하늘을 난다 하늘 위에서 지켜보고 있다
      그대 가다 말다 주저하다 말다 이다음으로 모든 걸

이루는 새

넌 패배자다(경태를 노려보는 영심)

cut to

[89점 - 내일은 노래왕!]

전력 질주한 것처럼 숨을 몰아쉬는 영심.

영심   하아, (마크에게 마이크 넘기며) 유어 턴!

영심, 벌겋게 상기된 얼굴로 선곡 버튼을 누르자 김현정의
〈멍〉이 뜬다. 쳐다보는 경태에게 엄지를 들어 목을 슥 긋는
포즈를 취하는 영심.

cut to

고음 기술 보유자 김현정의 대표곡 〈멍〉의 한이 서린 가사
가 경태의 샤우팅으로 노래방 안에 울려 퍼진다.

경태   다 돌려놔

너를 만나기 전에 내 모습으로

＊인서트 -

20년 전, 영심에게 구박받는 경태의 모습이 보인다.

| 어린 영심 | 넌 무슨 남자가 매운 것도 못 먹니? 그게 너와 나의 차이야! 못 올라갈 나무는 생각도 하지 말란 말이야, 잘하는 게 뭐야? |

경태, 목에 핏대를 세워가며 음 하나 놓치지 않고 악착같이 부른다. 고음 부분에서 셔츠 단추를 풀어 헤치는 경태. 체면이고 뭐고 다 집어던진 듯하다. 영심, 이런 경태를 미친 사람 보듯 지켜본다. "너 같은 사람 꼭 만나기를" 부분에서 영심을 가리키는 경태.

| 채동 | 왜 저래…? |

영심, 경태 그리고 노래방 안의 모든 사람들이 경태의 점수를 기다린다.

[97점 - 당신이 이 구역 슈퍼 스타!]

| 경태 | 나인티 세븐 포인트! 구십칠! 예에쓰! 예에쓰!! |

경태, 결과를 보고 기쁨을 주체하지 못해 세리머니를 한다. 이런 경태를 놀란 눈으로 쳐다보는 스태프들.

| 상은 | 대, 대표님…. |

경태, 그제서야 정신을 차리고 옷매무새를 다잡는다.

경태   오랜만에 노래를 불렀더니 스트레스가 풀려서 그만.
장환   네, 축하드립니다. 대표님…. 완전 숨 막히는 열창이
       었고요. 그럼 오영심 님께 소원을 말씀하시면 됩니다.

경태   (영심 쳐다보며) 아, 네. 제 소원은요.
영심   …. (긴장.)

S#16   레코드 바 (N)

잠시 후, 촬영 준비된 레코드 바 안으로 들어와 제일 비싼
빈티지 헤드폰을 고르는 경태.

영심   다 골랐어요…?
경태   이거 갖는 게 내 소원인데.
영심   뭐요…? 헤드폰…?

옛날 생각이 떠오르는 듯한 경태의 표정.

S#17   [회상] 플래시백, 버스 정류장 (D)

정류장에서 마을버스를 기다리고 있는 어린 경태. 안경 한
쪽 다리가 망가져 테이프로 감겨 있다. 그때, 진우가 정류장
에 와서 선다. 경태보다 큰 고등학생 진우가 익숙한 헤드폰
을 쓰고 있다. 경태, 자신이 영심에게 선물한 헤드폰과 똑같
은 것 같아 진우의 헤드폰을 뚫어지게 쳐다본다.

어린 경태	저기요.
진우	나…? 뭐 할 말 있어?
어린 경태	그 헤드폰 잠깐 봐도 돼요?
진우	이걸…? 왜?

경태, 진우가 들고 있는 헤드폰을 뺏어 이름을 확인한다.

진우	뭐 하는 거야, 지금. 안 내놔?
어린 경태	… 이거 어디서 났어요?
진우	그건 니가 알아서 뭐 하게! 진짜 이 씨…!

진우, 경태가 헤드폰을 놓지 않자 경태를 세게 밀친다. 그러
자 길바닥에 쓰러지는 경태.

S#18   레코드 바 (N)

경태   이 모델이 단종돼서 앞으로는 구할 수 없거든요.

영심   아이, 그래도 성능 좋은 신형으로 하지. 이게 더 좋아

            보이는데….

            그때, 경태가 영심을 의미심장하게 쳐다본다.

경태   사람의 마음을 소중하게 생각하지 않는 사람은 이

            마음을 모르겠죠.

영심(NA)   (당황) 뭐라는 거야…. 지금 나 까는 거야?

경태   뭐, 생각나는 거라도 있나 봐요? 표정이 딱 그런데.

            * 인서트 -

            영심, 경태를 하염없이 기다리던 자신의 어린 시절이 생각

            난다.

어린 영심   감히 날 기다리게 해…? 어디 한번 나타나기라도 해

            봐. 내가 박살을 내줄 테니까.

            다시 현재로 돌아온 영심.

영심   흠흠. 사람의 마음 중에 약속도 포함되어 있는 건 알

            죠? 말없이 약속을 지키지 않는 사람도 사람의 마음

을 소중히 여기지 않는 건 마찬가지 아닐까요?

지지 않고 맞받아치는 영심. 두 사람의 눈빛이 마주친다. 그 때, 자신들을 쳐다보는 스태프들의 시선을 느낀 영심.

영심   아, 알았어요. 사주면 되잖아요. 아주 고막 빵빵하게 들으세요.
경태   … 갑자기 그때 기억나네.
영심   … ?
경태   너는 기억 안 나 영심아…?

헤드폰을 건네는 순간, 기습적으로 훅 치고 들어오는 경태.

일동   ??!!

당황하는 영심과 채동. 세상 피곤한 표정으로 앉아 있던 스 태프들, 눈이 말똥말똥해진다.

상은   지, 지금 뭐라 그런 거야?
장환   야, 지금 녹음되고 있지? 야, 채동아! 저 둘 원래 아 는 사이야?
채동   … ? (영문을 모르는 표정.)

S#19   경태 차량 안 (N)

경태가 차에 타자 운전석에 앉은 봉구가 경태에게 묻는다.

봉구   아, 대표님.

경태   응?

봉구   그 남자 2번, 작가 있잖아요. 그 사람이 자기 계정에
서 앱 접속이 안 된다고 한번 확인해 달라네요.

경태   알았어. 내가 확인해 볼게.

cut to

경태, 봉구가 알려준 호재의 킹블리 앱(프로그램 진행을 위
해 설치한) 계정으로 접속하자 영심과 오리배를 탔던 호재
의 중간 선택 결과가 보인다.

경태   (이해가 안 되는 듯) 뭐야, 오영심을 선택했다고?

예상치 못한 호재의 선택을 복잡한 표정이 되는 경태.

S#20   영심 차량 안 (N)

멍한 표정으로 앉아 있는 영심에게 말을 거는 장환.

장환	선배, 근데 아는 사이예요?

채동, 영심을 바라본다.

S#21 방송국 전경 (N)

상은(E)	10분 뒤에 스튜디오에서 녹화 시작하겠습니다!

S#22 〈사랑의 짝대기〉 세트장 - 무대 아래 (N)

영심, 후배들을 모아놓고 진심으로 호소하고 있다.

영심	아무리 생각해 봐도 이거 프로그램 룰이 너무 노골적이야. 어? 그지…? 어떻게 사람 마음이 하루 만에 딱 정해지냐고, 이런 거는 논란이 생길 수 있거든…? 아?! 패자부활전 이런 걸 좀 넣자 응?
상은	저희가 중간 회의 때 그러자고 말씀 드렸었는데요….
영심	언제.
상은	중간 회의 때요.
영심	언제…? 내가…?
장환	네, 근데 선배님이 그냥 심플하게 훅 가자고 하셨잖

아요. 시간 없다고.

영심   내가 언제에!

채동   선배님, 그러셨어요. 올라가시죠.

S#23   〈사랑의 짝대기〉 세트장 – 화장실 앞 (N)

녹화 시작 전, 화장실 안에서 나오던 삼두가 호재에게 말을 건다.

삼두   최종 선택은 정하셨어요?

호재   (의미심장하게) 네.

그때, 화장실 쪽으로 삼두와 호재를 스쳐 지나가는 경태. 삼두, 지나가는 경태를 슬쩍 쳐다본다.

삼두   아, 그거 들었어요?

호재   뭐요?

삼두   저 왕경태라는 사람, 여자 출연자 중 그 오영심이라는 사람이랑 아는 사이라 카던데? 둘이 어릴 때 뭐 첫사랑인가 카더라고요? 아무래도 킹블링인지 고블링인지 선전해 주려고 짜고 치는 고스톱에 우리가 잘못 끼었어요.

삼두의 말에 표정이 살짝 어두워지며 망설이는 듯한 표정이 되는 호재.

장환(E)　　　　무대 위로 올라와 주세요!

S#24　　　〈사랑의 짝대기〉 세트장 [N]

AI　　　　　최종 선택의 시간입니다. 누구와의 데이트가 가장 마음에 드셨나요? 여러분 마음의 작대는 어디를 향해 있나요?

선택의 순간을 앞두고 고민하는 출연진들. 바삐 머리가 굴러가는 가운데, 영심과 경태, 월숙의 고민도 깊어진다.

영심　　　　어후, 이게 뭐라고 심장이 뛰네. 이게 왜 뛰어?

마지막 선택 버튼을 누르기 전, 고민하는 영심.

＊ 인서트 -
"너는 기억 안 나 영심아?"

갑자기 아까 경태가 한 말이 귓가를 맴돈다. 고개를 절레절레 흔들며 떨쳐내려 하는 영심.

영심(NA)	아니야. 정신 차려 오영심. 여기서 흔들리면 안 돼. 자칫 잘못해서 0표라도 나오면 초라하고 비참하게 영원히 돌림노래의 주인공이 될 거야. 0표 영심이라고… 아, 안 돼…!

심호흡하며 고민하다 경태와 눈이 딱 마주치는 영심. 경태가 진지하게 영심을 바라본다.

영심(NA)	저 자식 진짜…. 그래도 아까 그렇게 공개적으로 얘기까지 한 걸 보면 날 선택할 수도 있지 않을까…? 아닌가…?

AI	최종 선택 버튼을 눌러주세요.

영심, 카운트다운이 끝나기 직전에 외친다.

영심	자, 잠깐만요! 잠깐만!

일동, 영심을 쳐다본다.

영심	아, 그… 저기…. 마지막으로 한마디씩 하고 가면 어떨까요?
채동	(뛰어오며) 선배, 갑자기요?
영심	원래 선택하기 전 심경 얘기하는 게 중요하니까…. 괜

찮지 않을까? 이건 출연자가 아니라 PD로서 제안하는 겁니다. 어때요? 괜찮지 않아요?

갑작스런 영심의 제안에 웅성거리는 출연진과 스태프들. 그때, 경태가 대답한다.

경태   그렇게 하죠.

월숙   그래, 나도 콜.

그러자 나머지 출연자들도 고개를 끄덕이며 동의한다.

채동   네…. 그러면 다들 동의하신다니까, 최종 선택 전 한 마디씩 하겠습니다.

출연자들, 최종 발언을 하며 눈빛을 교환한다.

삼두   고민하는 건 시간 낭비죠. 다들 바쁜데 한 방에 가겠습니다.

정진   회사가 '왕' 큰 사람이랑 러블리하게 사랑하고 싶습니다~.

호재   선택이 쉬울 거라 생각했는데…. 마지막까지 고민이 되네요.

이제 영심, 경태, 월숙의 차례가 된다.

영심	(긴장) 처, 첫사랑에는 유효 기간이 없죠. 그죠? 그럴 거예요. 사람은 쉽게 안 변하니까요.
채동	(의아) 갑자기 첫사랑…?

일동, 무슨 뜻인지 몰라 고개를 갸웃거린다. 영심의 최종 발언을 들은 경태, 의미심장하게 말한다.

경태	추억에는 큰 힘이 있다고 생각합니다. 어린 시절의 순수했던 마음에 충실하게 선택하겠습니다.
영심	… !
월숙	저는 보시다시피 예쁘고 능력 있어요. (영심, 경태 보며) 저는 과거보다 현실에 충실하고 솔직하고요.
채동	네, 그럼 이제 마지막 선택을 하겠습니다.

경태와 영심의 얼굴이 순차적으로 보여지고,

채동	(중얼거리며) 뭔 소리야 대체…. 다들 무슨 생각인 거야….

최종 발언 이후 더 긴장된 상태에서 나머지 출연자들도 각자 선택 버튼을 누른 가운데, 영심, 경태, 월숙도 선택 버튼을 누른다.

장환	예상보다 꿀잼인데…? 나 아까 완전 잠 확 깼잖아. 이

게 쫄리는 맛이 있네.

채동   결과나 확인하시죠….

잠시 후, 제작진들도 결과가 궁금한 표정을 보인다.

S#25   인서트, 결과 선택 화면

각자의 얼굴 아이콘에서 선택한 상대방을 향해 화살표가
출발하고, 결과 화면이 방송 화면으로 전환된다.

S#26   영심이네 – 거실 (N)

식구들이 거실에 모여 앉아 과일을 먹으며 TV 속으로 빨려
들어갈 듯한 몰입력으로 〈사랑의 짝대기〉를 시청 중이다.

우상   아니, 영심 처제한테 아무 얘기 못 들었어? 저 사람
                왕경태 맞지?

순심   에이, 이제 그냥 왕경태 아니에요. 킹블리 마크 왕이
                라고요.

우상   마크 왕? 그래서 영심이는 누구 택했어?

순심   몰라요. 스포 금지.

대광   아니, 근데 하나도 긴장이 안 되는데 떨리는 이 기분

	은 뭐냐.
진심	가만있어 봐요. 나, 나온다!

S#27 〈사랑의 짝대기〉 세트장 (N)

결과 화면, 삼두의 작대가 월숙에게 향한다. 월숙과 삼두의
헬스장 데이트 화면이 나오고,

[자막: 육체미로 월숙에게 어필했던 삼두]

AI	육체미 가득한 데이트를 즐긴 월숙이었습니다. 여자 1번, 정진의 선택은?

다시 결과 화면, 정진의 작대가 경태로 향한다.

AI	영 앤 리치 경태!

경태와 정진의 데이트 화면이 보여진다.

[자막: 성공한 CEO의 다정한 칼질에 설렜던 정진]

AI	남자 2번, 호재의 선택은?

정진과 호재의 데이트 장면이 보인다.

[자막: 시와 함께 마음이 깊어졌던 호재]

AI　　　낭만적인 시 데이트를 함께한 정진이었습니다. 여자 2번, 월숙의 선택은?

경태와의 오락실 데이트 장면이 보인다.

AI　　　멋진 승부욕을 보여준 경태입니다.

[자막: 승부욕 넘치는 경태에게 올인한 월숙]

AI　　　지금까지 경태가 두 표를 받은 가운데 여자 3번, 영심의 선택은?

영심의 데이트 장면이 보인다.

[자막: 매콤 살벌한 떡볶이 데이트를 한 삼두?]
[자막: 가슴 울렁대는 한강 데이트를 한 호재?]
[자막: 과거를 소환했던 마지막 데이트의 경태?]
[자막: 영심의 작대는 어디로 갈 것인가?]

남자 출연자들이 분할되어 보여지고, 영심의 화살표가 호재에게 가는 듯하다 경태에게 간다.

AI   티격태격 귀여운 앙숙 케미를 보여준 경태입니다.

              여자 출연자의 몰표를 받은 상황에서, 마지막 경태의 선택
              만이 남았다. 모두 경태의 화살표 방향에 집중할 수밖에 없
              는 상황.

AI   몰표를 받은 경태의 작대는 누구에게 향할까요? 마
              지막 작대, 출발합니다!

              경태의 작대기가 영심에게 가다 막판에 훅 꺾여 월숙에게
              도착한다.

AI   선남선녀의 케미를 보여줬던 월숙입니다!

              표정 관리에 실패하는 영심.

S#28   영심이네 - 거실 (N)

              결과 화면을 보던 가족들, 모두 실망한 듯 탄식한다.

대광   으휴, 동네 창피해라. 선택 하나 못 받고!

우상	그럼 그렇지 뭐. 혹시나 했지만 역시나.
진심	그나저나 영심이 어떡해…. 꽤 후폭풍이 클 텐데.
순심	으이씨, 쪽팔려! 저 못난이 오영심!!

S#29 〈사랑의 짝대기〉 세트장 (N)

다시 스튜디오 녹화 내용이 이어진다. 무대 중앙에 출연자들이 모였다. 경태와 월숙이 중앙에 있고, 나머지는 옆으로 서 있는 모양이다. 월숙과 최종 커플이 된 경태.

AI	〈사랑의 짝대기〉 최종 커플 탄생! 구월숙, 왕경태 님. 축하드립니다!

경태, 무대 중앙으로 나와 월숙에게 헤드폰을 씌워준다. 마치 영화 〈라붐〉의 오마주 같다.

월숙	어머, 이 장면 어디서 본 것 같다.

바로 영심이 마지막 데이트 때 내기에 져서 사준 바로 그 헤드폰이다. 현장에서 그 모습을 보고 표정 관리가 안 되는 영심.

영심(NA)	으으… 왕경태! 역시 너는 다 계획이 있었어!!

월숙과 커플이 된 경태와 눈이 마주치는 영심. 분노와 창피함으로 붉어진 얼굴의 영심과 여유로운 승자의 미소를 짓는 경태.

S#30   월숙의 집 (N)

커다란 소파 위에 우아하게 누워 와인을 마시며 TV를 시청하는 월숙.

월숙   생각보다 더 재밌게 나왔네. 훗.

3화

흑역사 나비효과

S#1   몽타주

2화에서 진행된 주요 장면들이 컷으로 각각 보여진다.

"갑자기 그때 기억나네. 너는 기억 안 나 영심아?"

그 말에 고민하다 경태를 선택하는 영심.

최종 선택 0표를 받는 영심.

월숙에게 헤드폰을 씌워주는 경태.

표정 관리에 실패하는 영심.

영심의 표정 위로 자막이 뜬다.

[자막: 한 편의 콘텐츠, 사람의 미래를 바꾸어 놓을 수도 있습니다]

S#2   몽타주

국장, 국장실에서 방송을 보고 어이없다는 듯 웃는다. 호프집에서 스마트폰으로 방송을 보는 사람들, 방송을 보는 방송국 수위, 그리고 고깃집에서 술을 먹으며 방송을 보는 사람까지 차례로 보여진다.

S#3   경태의 집 전경 (N)

경태가 살고 있는 펜트하우스 전경이 보인다.

S#4   경태의 집 – 거실 (N)

같은 시각, 러닝머신 모니터로 〈사랑의 짝대기〉 프로그램을 보는 경태. 집에서의 경태는 뿔테 안경을 쓰고 흐트러진 모습이다. 굴욕당한 영심의 표정을 보고 호탕하게 웃는 경태.

경태   아, 진짜 웃기네.

그때, 월숙의 카톡이 도착하자 착용하고 있던 스마트 워치를 터치하는 경태.

[월숙: 로맨틱, 비즈니스, 성공적]

S#5   플래시백, 오락실 (D)

2차 데이트 미션 당시, 갑자기 코인 노래방 칸으로 들어갔던 경태와 월숙.

월숙	너… 내가 아는 왕경태 맞지?
경태	(부인하지 않고) 월숙아, 나 부탁 하나만 할게.
월숙	부탁?
경태	마지막 데이트 전까지 나 모른 척해줘.
월숙	왜? 그래야 될 이유라도 있어?
경태	그냥…. 그러고 싶어서.
월숙	알았어. 대신, 조건이 있어.
경태	뭔데?
월숙	최종 투표 때 나 선택해 줘. 그게 비밀 지켜주는 내 조건이야.

최종 선택에서 경태에게 헤드폰을 받는 월숙의 모습이 보인다.

| 월숙 | 이 장면… 어디서 본 것 같다. |

S#6 몽타주

헤드폰을 받는 월숙의 모습, 그대로 작아지며 유튜브 화면
으로 변한다. 출연자들의 신상 정보와 결말에 대한 의견이
가지각색인 가운데, 영상 아래 달리는 댓글들.

[영심이가 도대체 뭔데?]
[[옛날 만화 링크와 함께] 다 스토리가 있더라]
[옛날에 영심이가 자기 따라다니는 경태 겁나 구박했대]
[그 경태가 킹블리야, 대박]
[이 사람이 바로 킹블리야, 마크 왕]

댓글과 함께 경태 관련 기사 타이틀이 보인다.

"왕경태, 그는 누구인가?"
"왕경태를 아시나요?"
"왕경태, 자수성가 킹블리로 알려져"

그 뒤로 경태에게 차인(?) 영심에 대한 기사가 이어진다.

"〈사랑의 짝대기〉에서 재회한 영심과 경태, 현실판 결말은?"

"그 시절 영심과 경태가 돌아왔다! 경태의 복수 성공?"

[난 옛날부터 이럴 줄 알았음]

[경태의 복수가 시작된다]

[영심이가 역전당한거임?]

이외에도 #경태의 유혹, #인과응보 로맨스 등 게시물이 끝없이 생산되고 있다.

S#7   방송국 – 회의실 (D)

시청률과 화제성 결과 페이지를 보고 만족스러워하는 허국장.

국장   이번 주 프로그램 중 우리가 최고 시청률이네. 영심이를 처음부터 출연시킬 걸 그랬어 와, 여기서 포텐이 터지네?

채동   그러니까요. 예상보다도 훨씬 더 잘 나왔는데요?

국장   이 정도면 정규 편성도 가능하지 않을까?

채동   정말요?

국장   어, 잠깐만 있어봐. 이 중요한 순간에 오영심이 어디 갔어?

채동   아, 영심 선배…. 몸이 안 좋으셔서 병가 냈습니다.

| 국장 | 축배를 들어도 부족한데 병가? 왜? 어디 아프대? |

S#8   영심이네 – 영심·순심이 방 (D)

| 영심 | 으윽… 흐윽…. |

널부러진 맥주캔 옆에 혼이 나간 사람처럼 누워 있는 영심. 그러다 손에 잡고 있는 맥주캔을 꽉 구겨버리며,

| 영심 | … 아오! 왕경태 이 자식! |

분노하는 영심.

| 영심 | 그리고 이 방송국 놈들. 오바이트하는 거 잘라내라 고 내가 그렇게 얘기했는데 여기다 슬로우를 걸어?! 선배고 인류애고 하나도 없구만…! 시청률밖에 모르 는 왕경태 같은 놈들…! |

그때, 채동에게서 문자가 도착한다.

[채동: 선배, 방송 보지 마세요. 국장님이 오바이트 장면은 꼭 넣으라고 하셔서…. 죄송해요, 선배 인생 제가 책임질게요!]

영심	(문자 보고) 이채동 너도 똑같애. 난 망했어어어어어 잉….

침대에 누워 이불킥을 하는 영심과 어디선가 들려오는 경태의 통쾌한 허밍.

경태(E)	다, 다다다 돌려놔아~.

S#9   킹블리 - 대표실 (D)

경태, 콧노래를 부르며 본인이 잘 나온 사진과 칭찬 댓글을 본다.

경태	캡쳐… 잘 나왔어. 아주 좋아…. 어우 속 시원해. 아주 오늘 소화제가 필요 없겠구만?

그렇게 신나게 검색을 이어가다 유튜브 추천 영상 하나를 발견하는 경태.

경태	어? 이건 뭐야.

영심이 오바이트를 하며 한강에 빠지는 장면이 담긴 영상 밑에 각종 악플이 달려 있다.

[살다 살다 별 쇼를 다 본다]

[셀프 흑역사 생성]

[저게 뭐라고 방송에 내보내나?]

[엔 지가 무슨 연예인임?]

[애잔하다 애잔해]

경태   뭘 이렇게까지 해?

          그때, 2회차 데이트 때 한강에 빠진 영심을 구하러 채동이
          뛰어드는 장면이 보이고,

경태   뛰어들어…? 왜? 뭐야…?

          왠지 채동이 신경 쓰이는 듯한 경태.

S#10   [회상] 애니메이션

          영심이 월숙을 포함한 중학교 친구들과 바닷가로 놀러 왔
          다. "하나면 하나지 둘은 아니야" 노래를 부르며 모닥불 주
          위를 빙글빙글 돌고 있는 친구들. 그리고 이런 모습을 멀리
          서 숨어 지켜보는 경태.

어린 경태   영심이가 한눈팔지 않게 잘 감시해야지….

영심이 관심 있어 하는 훈남 학생이 월숙과 계속 붙어 있다.

어린 월숙   와~ 정말? 나도 그 영화 보고 싶었거든~.

영심이 분한 듯 두 사람을 지켜본다.

어린 영심   구월숙…. 앙큼한 기집애. 하필 내가 찍은 남자애를!
      나도 전략을 짜야겠어, 두고 봐.

영심, 갑자기 바다로 성큼성큼 들어가 물에 빠진 척 연기를
한다.

어린 영심   사, 살려줘요, 살려줘~.

남학생이 쳐다보지 않자 좀 더 깊은 곳으로 들어가는 영심.

어린 영심   (더 크게) 사, 살려줘~. 무, 물이 너무 깊은데!!!

그러다 딛고 있던 발이 닿지 않을 만큼 빠져 진짜로 허우적
거리는 영심.

어린 경태   영심아, 위험해!

숨어서 영심을 지켜보던 경태가 바로 바다로 뛰어들어 구

하러 간다. 잠시 후, 같이 바다에서 허우적거리는 영심과 경태. 구조대가 도착하자 경태가 외친다.

어린 경태   여, 영심이 먼저요. 영심이 먼저 구해주세요!

S#11   킹블리 - 대표실 (D)

경태, 뭔가 마음에 안 드는 표정으로 계속 해당 영상을 돌려보는데, 노크 소리와 함께 순심이 들어온다.

순심   안녕하십니까. 인수인계 받고 오늘부터 정식 근무하게 된 비서 오하윤입니다.

경태   (급히 검색창을 내리며) 네, 이쪽으로 앉으세요.

순심   대표님, 우선 지난 방송 직후 증가된 킹블리 매출 현황에 대해 보고드리겠습니다.

세상 어색하게 보고를 시작하는 순심.

순심   〈사랑의 짝대기〉는 수도권 기준 8%의 시청률로 동시간 1위를 차지하였으며, 방송 전후 킹블리 매출은 평균 138% 증가하였고, 엔딩에서 자체 최고 시청률을 찍으며 최대 208%의 매출 효과를….

경태   이런 보고는 일일이 하지 않아도 돼. 순심아.

순심	네, 대표… 헉, 나 순심인 거 알았어요?
경태	처음부터 알았는데? 이름 바꾸면 뭐 해. 얼굴이 예전 그대론데. 그래도 회사에선 오하윤 씨라고 부를게. 걱정하지 마.
순심	소름 돋았잖아요….
경태	(웃으며) 그러니까 모른 척한 거야.
순심	네, 저도 모르는 척할게요. 그리고 방송은 잘 봤습니다, 대표님.
경태	(웃으며) 영심이는…? 잘 지내?
순심	뭐, 사람 하나 제대로 보냈죠. 이 방송이라는 게 원래 그렇잖아요. 남자가 한을 품으면 여자보다 더 무섭다는 것을 제가 이번 기회에 아주 제대로 확실히 알게….
경태	….
순심	아닙니다. 저는 그럼 비서의 본분을 다하기 위해 이만….

차마 막말은 못 하고 찝찝한 뉘앙스만 남기고 사라지는 순심. 그때, 경태의 휴대폰이 울린다.

경태	네, 국장님.

S#12   방송국 – 회의실 (D)

경태와 마주 앉은 국장.

국장   마크 왕 이름 덕분인가, 시청률이 아주 킹입니다 킹.
       이게 다 왕 대표 덕분이에요. 웬만한 연예인보다 인
       기가 좀 좋아야지.

경태   (겸연쩍게) 하하.

국장   그래서 말인데…. 우리 이번에 새로 기획하는 예능
       한번 같이 해보지 않을래요?

경태   예능이요?

국장   같이 하나 해봐요. 이번에 킹블리도 방송 덕 좀 봤다
       면서요. 우리도 킹블리 덕 좀 봅시다 하하.

경태   그건….

경태, 생각해 보는 척하면서 국장실을 둘러본다. 사실 아까
부터 계속 은근히 영심을 찾는 듯한 경태. 국장도 뭔가 싶어
경태의 시선을 따라간다.

국장   무슨 문제라도?

경태   만약 하게 되면 담당은 누가…?

국장   걱정 붙들어 매요. 영심이 말고 센스 있고 실력 있는
       PD로 붙여줄 테니까. 영심이는 자기 소임을 다했다
       고나 할까~.

경태	(내심 불편한 듯한 표정으로) 크흠···.

국장, 그러더니 뭔가 생각난 듯 문 열고 채동을 부른다.

국장	채동아~ 잠깐 들어와 봐.

들어온 채동이 경태와 눈이 마주치자 대충 인사를 한다.

국장	우리 방송국 차세대 에이스~. (채동에게) 앉아, 앉아. 둘이 구면이지? 잘됐네. 서로 호흡도 맞춰봤고.
경태	··· 오영심 PD는요?
국장	아, 영심이~. 어쩌면 앞으로 방송국 못 다닐지도 모르겠는데. 이 전 국민 영표녀가 되어서 말이야. 영심이는 영표, 영표는 영심이. 영심이는 영영영~.

재미없는 농담을 하고 혼자 웃는 국장. 뻘쭘한지 다시 진지하게 말한다.

국장	무슨 배짱인지 병가 내고 누워 있대요. 퇴사한다는 소리도 있고. 그치, 채동아?
채동	네, 뭐···. 아, 영심 선배는 한다면 하는 분이니까요.
경태	(채동을 보고) ···?
국장	오영심 껌딱지인 니가 가서 다시 설득해 보든가 해. 너 혹시, 오영심 따라서 그만둔다고 하면 나한테 죽

는다. 알았지?

경태 껌딱지…?

채동 국장님도 참…. 아, 전 미팅이 있어서 먼저 일어나 보겠습니다.

국장 어~ 가봐, 가봐.

잠시 채동이 자리를 비운 사이 경태, 국장에게 질문한다.

경태 저 PD님이랑 오영심 PD가 친한 사인가요?

국장 친해? 그것보다 더한 사이일걸요? 화장실이랑 잠잘 때만 빼고 거의 붙어 있는 거 같은데.

경태 (묘한 표정으로) 붙어 있어…?

S#13   방송국 – 로비 (D)

미팅 끝나고 돌아가는 경태, 채동과 딱 마주친다. 말없이 서로를 지나치는 두 사람.

경태 (멈춰서서) PD님?

채동 (돌아보며) 네, 왕경태 씨. 무슨 일이시죠.

경태 그래요, 이채동 씨. 지난번 촬영 때 고생했다는 말을 못 한 거 같아서요. 그때 고마웠습니다.

채동 고생은 영심 선배가 다 했는데요 뭘. 그럼.

경태	자, 잠깐!

다시 채동을 부르는 경태.

경태	오영심 PD랑은 일한 지 오래됐어요?
채동	그게 왜 궁금하시죠?
경태	(애써 웃음) 그냥 궁금해서 물은 건데 정말 까칠하게 나오시네?
채동	같은 팀 된 지는 1년밖에 안됐습니다만, (당돌하게) 사랑합니다.
경태	(귀를 의심) 사, 사랑?

갑자기 훅 들어오며 경태를 당황시키는 채동.

채동	(의미심장) 전 시간보다 밀도가 관계에 있어 더 중요하다고 생각하거든요.
경태	누, 누가 뭐래요? 그리고 그걸 왜 나한테 얘기하는 거죠?
채동	그러게요, 왜 그럴까…. 그럼.

채동, 돌아서 성큼성큼 걸어 복도에서 사라진다.

경태	저, 저거 완전 또라이 아니야?

S#14   경태의 집 (N)

집에서 우아하게 피아노를 치고 있는 경태. 그때, 자꾸 떠오
르는 채동의 목소리.

채동(E)   사랑합니다…. 사랑… 사랑…!
경태   (고개를 흔들며) 아, 아니야…. 지금 이런 거 신경 쓸 때
          가 아니야. 사랑…?

새로운 AI 캐릭터를 구상 중인 경태. 전용 태블릿 PC를 터치
하자 킹블리의 다음 신제품인 로봇 청소기 모습이 뜬다. 화
면 속 청소기 모습 아래 제품명이 비어 있다.

경태   (고민) 이름을 뭐로 하지…?

S#15   경태의 집 - 방 (N->D)

침대에 눕는 경태. 침대에 누워 잠을 청해도 이상하게 잠이
안 온다. 뒤척거리다 휴대폰을 켜고 IT업체 직장인 익명 게
시판에 들어가는 경태.

경태   킹블리 민심 체크도 좀 해볼까?

경태, 사이트에 접속해 킹블리 챕터에 들어가자 킹블리 직원들이 올린 익명의 글들이 보인다. 그중 [방송 보고 무서운 거 나만 그래?] 게시글이 눈에 들어오는 경태.

경태   흠···.

경태가 클릭한 글에 달린 댓글들이 보인다. 댓글에 일희일비하는 경태.

[아무리 우리 대표지만 겁나 찌질하다. 뒤끝 작렬]
[영심이는 마지막에 진짜 마음 움직인 것 같았는데]
[영심이만 바보 된 듯]
[그래봤자 방송이야. 아무도 믿지 마]
[소문대로네. 어우 무서워서 마크 누구랑 연애는 하겠냐]
[그래도 성공한 쎄오잖아. 그런 사람들 걱정은 하는 게 아냐]
[근데 나도 왕경태가 영심이 선택할 줄 알았는데]
[그러고 보니 영심이는 왕경태 선택했잖아···?]
[영심이가 경태 좋아했나?ㅋㅋ]

＊ 인서트 -
최종 선택, 영심의 화살표가 경태에게 향한다.

경태   (생각해 보니 진짜 그렇다) 오영심, 왜 날 선택했지···?

곱씹을수록 알 수 없는 영심의 마음. 경태, 앞에 놓인 태블릿 PC 위에 온갖 경우의 수를 끄적여 보지만, 사람의 속마음은 알 수 없다.

(시간 경과)

그렇게 꼴딱 밤을 새우고 아침이 된다. 경태의 비싸 보이는 집 전경이 보이고 곧이어 잠을 못 자 피곤한 눈의 경태가 보인다. 밤샘에도 질문의 답을 찾지 못한 경태. 책상 서랍을 열자 오래전, 문제의 헤드폰이 보인다. 영심에게 선물했었던 헤드폰을 지금까지 가지고 있었던 경태.

＊ 인서트 –
과거, 진우가 들고 있던 헤드폰에 써 있는 영심의 이름을 보고 상심하는 어린 경태. 이어 진우에게 밀쳐져 바닥에 쓰러진다.

어린 경태   그 헤드폰 잠깐 봐도 돼요?
진우   뭐 하는 거야! 안 내놔? 진짜 이 씨…!

다시 현재, 고민 끝에 일어서는 경태.

경태   그래, 한번 해보지, 뭐.

　　　영심이네 - 대문 (D)

선글라스와 바바리코트를 착용한 경태가 동태를 살피며 어
슬렁거리기 시작한다. 주변을 살핀 뒤 점프해 담장 안을 들
여다보려는 경태.

경태　　　여기 맞는데….

경태, 상황이 여의찮아 보이자, 대문 틈으로 집 안을 보려
한다. 그때, 찰칵 소리에 놀라 돌아보자, 지유가 무표정하게
쳐다보고 있다.

경태　　　너, 지금 뭐야? 방금 뭐 찍은거야? 꼬마야, 사람을 그
　　　　　렇게 막 찍으면 안돼.

지유　　　(아래 위로 훑더니) 아직 아주 헐벗진 않았네.
경태　　　(그 말에 앞섶을 여미며) 무슨 말을 하는 거야…?

말하면서 자연스럽게 도망가려는 경태. 지유, 바로 바바리
맨의 멱살을 잡는다.

지유　　　그런 게 아니면 어디 한번 정체를 시원하게 까보시
　　　　　던가. 음흉하게 담 넘어서 뭘 훔쳐보는 거야!
경태　　　그런 거 아니야…!

S#17　　영심이네 - 대문 (D)

영심이네 가족들, 소란스러운 소리에 달려나오자 지유가
바바리맨의 멱살을 잡고 몸싸움을 벌이고 있다.

우상　　이지유, 거기서 뭐 해!

지유　　엄마! 바바리맨 잡았어!

경태　　(지유의 팔목을 잡고 빼내려 하며) 아니…!

진심　　이 상노무 새끼가!

진심, 흥분해서 경태에게 이단 옆차기를 날린다. 진심의 발
차기에 바닥으로 나뒹구는 경태. 경태가 넘어지자 그제야
달려가 경태의 손을 묶는 우상.

우상　　여보, 내가 잡았어. 내가.

진심, 바바리맨의 선글라스를 벗긴다.

진심　　어머, 잠깐만. 설마 너…!

경태　　맞아요…. 저예요, 경태. 아하하하….

지유가 잡은 바바리맨의 정체, 왕경태다. 놀란 눈으로 경태
를 쳐다보는 가족들.

S#18　　영심이네 – 거실 [D]

20년 만에 만난 경태를 신기해하는 가족들. 다과상을 차려
놓고 둘러앉아 이것저것 폭풍 질문을 한다.

우상　　　　TV로만 봤는데 실물이 더 잘생겼네.

진심　　　　어머, 나는 경탠지도 모르고…. 그때 그 땅달막한, 아
　　　　　　니, 앙증맞고 귀여운 꼬마가 이렇게 성공했다니. 너
　　　　　　무 멋지다. 근데 미리 얘기를 좀 하고 오지. 무슨 일
　　　　　　때문에 왔어?

경태　　　　요새 이 동네가 그리워지더라고요. 미국에서 한국 오
　　　　　　니까…. 가족분들도 생각나고….

　　　　　　대충 훈훈하게 둘러대는 경태. 물론 사실이기도 하다. 오랜
　　　　　　만에 영심의 가족들을 보니 옛날 생각도 나고 내심 반가운
　　　　　　눈치인데,

대광　　　　그래, 잘 왔어. 우리는 뭐 옛날 그대로지?

경태　　　　네, 뭐…. (문득 생각난 듯) 근데 혹시 아주머니는…?

　　　　　　경태, 영심의 엄마 순애를 궁금해하며 찾는다.

진심　　　　아, 엄마. 크루즈 여행 가셨어.

대광　　　　(투덜) 주부도 안식년이 필요하다나 뭐라나.

진심	그 바람에 내가 집을 못 비운다. 엄마 빨리 왔음 좋겠다 증말.
경태	아하….
진심	아니, 근데 경태야. 왜 우리 영심이를 선택 안 했어? 서운하게~.
우상	신경 쓰지 마. 경태, 아니 왕 대표.
경태	아니, 그냥 편하게. 편하게 해주세요. 형님.
대광	형님 좋다, 형님~. 그럼 어떻게 나는 왕 서방이라고 부를까?
경태	(당황) 네…?
진심	아니, 20년 만에 온 손님한테 이게 무슨 실례예요. 저녁 바로 차릴 테니까 경태는 우선 좀 쉬고 있어~.
대광	왕 서방, 어서 들어~.
우상	(경태랑 짠 하며) 잘 부탁해~.

한 명씩 점점 다가오는 가족들. 그 사이, 두리번거리는 경태.

S#19   고깃집 (N)

연신 소주를 들이켜는 영심을 걱정스레 쳐다보는 채동.

| 채동 | 선배, 괜찮은 거죠? 아프다길래 죽 사주려고 했는데. 요새 얼굴 많이 상한 거 알아요 진짜? |

영심	아 이거…. 스트레스 받아서 매운 걸 좀 먹었더니 화
	장실을 많이 갔네. 괜찮아, 역시 힘들 때는 육식밖에
	답이 없어.
채동	익혀서 먹어요, 익혀서. 여기 있는 거 다 선배 거예요.
영심	너 법카 가져왔지? 고기만 사주고 가. 나 오늘 엄청
	많이 먹을 거야. (후회하는 표정으로 소주 들이켜며) 으
	휴, 내가 그때 왕경태를 선택하는 게 아니었는데….

S#20   영심이네 골목 (N)

다같이 나와 경태를 배웅하는 가족들.

| 경태 | 전 이만 가보겠습니다. |
| 가족 일동 | 그래, 들어가. 또 와~. |

퇴근하던 순심, 대문 안에서 나오는 경태를 보고 놀란다.

대광	딸!
순심	어?
경태	오 비서?
순심	대, 대표님이 여길 왜? 아, 안녕하세요…? 조심히 들
	어가세요…?
	그때, 마침 채동과 함께 집으로 돌아오는 영심의 모습이 보

인다.

우상   어? 마침 영심 처제도 오네.

술에 취한 영심, 채동에게 걸쳐져 귀가하다 경태를 보고 그
나마 풀렸던 표정이 다시 경직된다. 그건 채동도 마찬가지.
경태와 시선이 마주치는 영심과 채동. 영심, 고깃집에서 거
나하게 마신 듯 얼큰하게 취해 있다.

영심   뭐야? 쟤가 왜 여기 있어?
경태   오늘 일이 있어서 방송국에 갔는데 병가 냈다고 해
             서 걱정돼서 왔지.
영심   걱정?

경태를 보자 내려놓았다고 생각했던 울분이 다시 치밀어
오르는 듯한 영심. 얼굴이 더 벌개진다. 경태, 이런 영심에
게 쿨한 척 손을 내밀며.

경태   우리 예전 일은 잊고 앞으로 잘 지내보자, 영심아.
영심   ….
경태   그래서 말인데, 새로 예능 같이 할….
영심   걱정 같은 소리 하고 있네.

순간, 경태를 땅바닥으로 꽂는 영심. 손을 잡고 그대로 당겨

엎어치기를 한다. 소리도 못 내고 그대로 넘어지는 경태와 놀라는 가족들.

영심   너 같으면 다시 잘 지내겠냐!?

놀라서 그 모습을 쳐다보는 가족들과 채동. 가족들, 영심을 뜯어말린다.

경태   뭐야, 이게!

영심   다신 내 앞에 나타나지 마! 나타나면 이단 옆차기를 날려버릴 테니까!!

진심   어우, 야! 그건 아까 내가 했어!

영심   뭐가 어찌 됐든 내 눈앞에 다시 띄지 마!

경태   저게 미쳐가지고 그냥. 예나 지금이나 달라진 게 하나도 없어. 다신 안 와!

영심   뭐? 저게 아직도 정신을 못 차렸네??

가족들, 영심을 서둘러 집 안에 쑤셔 넣고,

진심   들어가 들어가.

경태   (질린다는 듯) 제정신이 아니야 저거….

우상   경태야, 괜찮아…?

경태   형님…. 저는 먼저 들어가 볼게요. 미쳤어, 쟤는 미쳤어….

우상	경태야 꼭 병원 가봐…. 영심 처제 진짜 미쳤나 봐.

영심 쪽을 흘끗 보는 채동과 절뚝이며 사라지는 경태.

S#21 영심이네 전경 (D)

다음 날, 새 지저귀는 소리와 평화로운 아침 풍경이 보인다.

S#22 영심이네 - 영심·순심이 방 (D)

대자로 뻗어 세상 편한 표정으로 자고 있는 영심. 그때, 문이 벌컥 열리며 진심이 들어온다.

진심	오영심, 일어나.
영심	음냐….
진심	오영심, 너 진짜 출근 안 할 거야?
영심	… 응. 안 해. 쪽팔려서 출근 못 해.
진심	쯧쯧, 세상에서 뭐가 가장 쪽팔리는 건지 알아? 화난다고 분노 조절 못 하고 갑자기 사람 패대기치는 게 그게 진짜 쪽팔리는 거야 이 지지배야.

영심, 그 말을 듣자 미간이 팍 구겨진다.

영심	오랜만에 잘 자고 있는데 아침부터 왜 그래!! 잠이라
	도 마음대로 자게 놔둬. 밥 안 먹어, 안 먹는다고!!
진심	쳐먹지 마 이년아!! 어휴, 웬수!
영심	나가, 나가!!!!

S#23 영심이네 - 부엌 (D)

다시 주방으로 내려오는 진심, 나머지 식구들이 식탁에 앉아 아침 식사를 하고 있다.

대광	영심이는 안 먹는대냐?
진심	네, 처먹는다 해도 안 줄려고요 내가. 지 자는 거 깨
	웠다고 성질을, 성질을 아주 그냥!
우상	영심 처제 어제 그런 일 있고 나서 잠도 제대로 못
	잤을 거야. (대광 보며) 그럴 겁니다.
순심	때린 놈이 아주 두 발 뻗고 꿀잠 자던데? 코까지 골
	고 아주 그냥.
진심	경태는 괜찮으려나? 충격이 장난 아닐 텐데.
대광	어휴, 내가 깡패들을 낳았어요. 한 명은 발차기에 한
	명은 엎어치기.
우상	(눈치 없이) 육탄전이 오씨 집안 유전인가 봅니다. 하
	하하.

진심이 식탁 아래서 우상의 발등을 꾸욱 누르고, 순심은 먼저 아침 식사를 마치고 자리에서 일어난다.

순심	저 먼저 출근할게요.
진심	경태 보면 얘기 좀 잘 해줘.
순심	(한숨) 언니 때문에 나까지 짤리는 건가 몰라.
진심	고생이 많아. (우상 보며) 오씨 집안이 뭐 어째?
우상	밥먹을 땐 개도 안 건드린다는데….

S#24   영심이네 – 영심·순심이 방 (D)

진심이 나간 이후로 계속 그렇게 누워 있는 영심. 어제 경태와의 일을 떠올린다.

S#25   [회상] 플래시백, 영심이네 골목

| 경태 | 우리 새로 예능 같이 할…. |
| 영심 | 다시 잘 지내겠냐! |

영심에게 엎어치기를 당한 경태, 우상의 부축을 받으며 일어난다.

영심   다신 내 앞에 나타나지 마!

경태   예나 지금이나 달라진 게 하나도 없어! 다신 안 와!!

허리를 부여잡고 절뚝이며 돌아서는 경태.

S#26   영심이네 - 영심·순심이 방 (D)

영심, 어제 경태의 마지막 말을 곱씹어 본다.

영심   새로운 일? 그게 뭐지? 아냐, 아무 생각도 하지 마.
         왕경태의 왕 자도 생각하지 마. 새로울 거 뭐 있다고.
         그냥 잠이나 자.

         다시 이불 덮는 영심. 이런 영심에게 연체이자 문자, 입금
         독촉 문자들이 연속해서 도착한다. 휴대폰 보는 영심, 잔고
         가 점점 줄어든다.

영심   그만, 그마안! 그만 보내!!

         몸을 벌떡 일으키는 영심.

영심   분명 내 월급이 아닐 거야. (땅 꺼지는 한숨) 오영심, 일
         어나…. 넌 아직 노예야. 경제적 자유를 획득하지 못

한 현대판 사노비일 뿐이라고. 일어나, 나가야 해….

마음과 몸이 따로 노는 자신의 멱살을 잡고 억지로 일어서는 영심.

S#27   버스 정류장 (D)

영심이 버스 정류장에 서 있는데, 옆에 서 있는 학생들이 연신 키득대고 있다.

학생 1   (친구 보며) 야, 이거 봐. 대박 웃겨.
학생 2   아, 이게 그 〈사랑의 짝대기〉인가 뭔가야?
학생 1   어. 너는 뭐 이런 유명한 프로그램을 모르냐?
학생 2   모를 수도 있지~.

영심, 그 말에 화들짝 놀라 쳐다보자 학생 1, 2가 유튜브로 영심의 굴욕 영상을 돌려보고 있다. 다급히 쓰고 있던 모자를 푹 눌러쓰고 길을 건너는 영심.

S#28   방송국 – 로비 (D)

영심, 누가 볼까 빠른 걸음으로 최대한 서둘러 입구로 들어

서는데,

수위   어이, 영심 PD!

방송국 수위 아저씨가 영심을 부른다. 모른척하고 들어가
려는 영심을 집요하게 따라오는 아저씨.

영심   … 무슨 일이세요? 급한 거 아니시면….
수위   나도 방송 봤어. 티비에 아는 얼굴이 나와서 내가 채
            널도 못 돌리게 하고 끝까지 다 봤는데 마지막에 내
            가 얼마나 안타까웠는지…. 영표가 뭐여, 영표가. 이
            영표도 아니고….

수위 아저씨의 오지랖 아재 개그 때문에 지나가던 사람들
이 두 사람을 쳐다본다.

수위   내가 속상해서 진짜…. 장가 안 간 친척 조카들한테
            전화 다 돌렸어. 어떻게 내가 한번 중신을 서?

수위 아저씨 때문에 난처해져 어쩔 줄 모르는 영심.

영심   아, 아닙니다…. 가보겠습니다, 감사합니다~.

S#29　　　**월숙 작업실 (D)**

작업실에서 노트북을 쳐다보며 의아한 표정을 짓는 월숙.

월숙　　　방송 나갔는데 왜 이것밖에 구독자가 안 늘지?

화면에는 실시간 검색어에 〈영심이〉만 올라 있다.

월숙　　　이럴 리가 없는데, 이러다 오영심만 좋은 일 시키는
　　　　　거 아냐…?

실망한 표정의 월숙, 그러다 뭔가 떠오른 듯 의미심장한 표
정으로 노트북 자판을 두들긴다.

S#30　　　**방송국 – 예능국 사무실 (D)**

컴퓨터 앞에 옹기종기 모여 뭔가 보고 있는 사무실 후배들.

장환　　　이게 경태.
희진　　　아, 진짜로 이게 영심 선배야? 아 너무 귀여워~.
상은　　　닮았는데?
희진　　　닮았네~ 귀엽다.

아침부터 진 빠져 고개 숙이고 들어오는 영심. 후배들이 소란스럽다.

영심   뭐 해…?

상은   어, 선배!

희진   잘 봤어요~.

영심   뭐가…?

장환   아, 대박! 선배가 진짜 영심이 맞아요…? 나 처음 알았잖아.

상은   주말에 〈영심이〉 정주행 했습니다~.

영심   (절망) ….

후배들   해봐, 해봐~. 실수해도 좋아~.

후배들, 〈영심이〉 주제가를 부르며 서로 재밌어 한다. 영심의 예상과는 다른 후배들의 반응. 영표녀보다 만화 캐릭터에 관심을 보인다.

상은   선배님, 그럼 그 왕 대표가 그 쪼매난 안경 쓴 애인거 맞죠?

장환   순심이, 아니 동생분은 뭐 해요. 아직 다 같이 거기 살아요?

영심   왜 그래 진짜….

상은   선배, 요한이도 이거 자기 SNS에 올려서 조회 수 장난 아니에요.

영심	뭐야…? 이거 SNS에 올렸어…?! 아씨, 진짜!

영심, 놀라서 보자 아이돌 빌런즈 요한의 SNS에 자신의 짤이 올려져 있다. 엄청난 좋아요 수. 영심, 뭔가 실감이 안 나는 듯 얼떨떨한 표정을 짓는데, 채동이 사무실에 온 영심을 보고 다가와 조용히 속삭인다.

채동	선배, 국장님 호출.
영심	(모자 벗으며) 아이….
채동	(작게) 파이팅!

S#31   방송국 – 국장실 (D)

방으로 영심이 들어서자 자리에서 일어나 환영하는 국장.

국장	어우, 이게 누구야~. 왜 이렇게 얼굴 보기가 힘들어. 앉아, 앉아. 어때, 좀 쉬었어?

이전과는 완전히 다른 느낌으로 영심을 반기는 국장. 테이블 사이로 영심과 마주 앉는다.

영심	지금 굉장히 어색하거든요. 하던 대로 하세요. 평소처럼. (정색.)

국장	어우, 그새 셀럽 포스 작렬. 영표녀 영심이. 이 라임도 마치 짜고 친 고스톱처럼 짝짝 붙네? 이거 이거, 다 오영심이 빅픽처 아니야?

이상하게 들을수록 묘하게 기분이 나빠지는 국장의 극찬 퍼레이드에 검게 변해가는 영심의 표정.

영심	선배님, 절 보면 제명에 못 사시겠다면서요. (일어서서) 오래 사세요, 장수하세요!
국장	아아아, 앉으세요, 후배님. 앉으세요, 앉으세요. 뒤끝하고는. 그래도 뭐 어쩌겠어. 회사 생활 오래오래 하려면 후배한테 잘 보여야지.
영심	… ?
국장	새 프로그램 들어가. 이번엔 정규 편성. 위기 상황에 몸 사리지 않는 그 정신을 높이 산다고 사장님이 특별 지시 내리셨어.

선뜻 기뻐할 수 없는 영심, 의심스러운 표정이 된다.

영심	못 믿겠는데요?
국장	속고만 살았나. 연말에 그동안 밀렸던 승진도 시켜주고 연봉 협상도 다시 할 거야. 내 이름 걸고 이건 보장할게.
영심	… 무슨 프론데요?

국장	오영심과 왕경태가 함께 만드는 새로운 예능. 어때? 내가 킹블리한테는 어제 미리 다 얘기해 놨는데.
영심	?!

킹블리란 말에 흔들리는 영심의 동공.

＊ 인서트 -

경태를 엎어치기 하는 영심의 모습.

어제 일을 떠올리며 급속히 어두워지는 영심의 안색.

영심(NA)	어제 그래서 온 거였어?

멘붕에 빠진 영심을 보며 묻는 국장, 표정이 날카로워진다.

국장	근데 문제가 생겼어. 어제까지만 해도 킹블리는 분명 할 것 같았는데 갑자기 안 한다는 문자가 왔어.
영심	저, 저도 그 자식이랑 하기 싫거든요!
국장	아니, 싫어도 해야지. 왕경태를 잡아야 너도 살고 프로그램도 살아.
영심	왕경태가 도대체 뭔데요. 그 자식이 뭐 얼마나 대단하다고.
국장	왕 대표? 지금 대한민국에서 제일 핫하고 쿨한 영 앤 리치야.

영심	(코웃음) 쿨하긴 누가 쿨해? 누가? 누가 쿨해요?
국장	얼마나 쿨한지, 프로그램 하는 조건이 니가 담당하는 거였다니까.
영심	무슨 꿍꿍인지. 아유, 저는 무서워서 같이 못 하겠습니다.
국장	설사 꿍꿍이가 있다 치자. 그게 무슨 상관이야. 오영심, 이번이 너한텐 마지막 기회야. 니 동기들 봐. 하나씩 히트 쳐서 이직하고 거기서 또 대박 치고, 뭐 느끼는 거 없어?
영심	….
국장	영심아, 니가 진짜 원하는 걸 얻으려면 자존심도 좀 굽히고 성질도 좀 줄일 줄 알아야 된다. 그러니까 다시 설득해 와.
영심	(억울) 왕경태랑 어떻게 같이 해요….

영심, 욱해서 못 하겠다고 얘기하려는데, 아빠 오대광에게 다짐했던 자신의 모습이 떠오른다.

＊인서트 -

영심	이번엔 진짜 잘 해볼 거야. 열심히 잘 해가지고 꼭꼭꼭 인정받아서 아빠가 성공한 영심이 당당하게 다시 그릴 수 있도록 해볼게요!
영심	아, 알겠어요! 같이 할게요. 뭐부터 하면 되는데요.
국장	그래, 그래야지.

그때, 갑자기 울리는 국장의 휴대폰.

국장   (영심에게) 잠깐만, 뭐?
영심   … ?
국장   야, 오영심…. 큰일 났다.

영문을 모르는 영심의 얼굴.

S#32   몽타주

SNS와 유튜브 등등에 올라온 〈사랑의 짝대기〉 조작 논란
음성 파일이 올라온다.

[깔끔하고 스마트한 경태의 진짜 모습]
[짜고 친 고스톱, 방송국에 놀아난 시청자]
[조작으로 얼룩진 명절 예능]

〈사랑의 짝대기〉 관련 논란 글이 올라오고, 관련 음성 파일
링크가 뜬다. 클릭되면,

✳ 인서트 -
지난번 2차 데이트 미션 당시. 오락실에서 갑자기 코인 노
래방 칸으로 들어갔던 경태와 월숙의 대화가 재생된다.

월숙	너, 내가 아는 왕경태 맞지…?
경태	월숙아, 내가 부탁 하나만 할게.
월숙	부탁…?
경태	마지막 데이트 전까지 나 모른 척해줘.
월숙	알았어. 대신, 조건이 있어.

S#33 방송국 – 국장실 (D)

테이블 위에 놓인 휴대폰에서 흘러나오는 경태와 월숙의
목소리.

경태(E)	뭔데?
월숙(E)	최종 투표 때, 나 선택해 줘.

음성 파일을 듣고 황당한 표정이 되는 영심과 국장.

국장	뭐야, 이거. 아는 거 있어?
영심	저도 모르겠어요…. 그러니까 이게 지금 둘이 서로 짰다는 거죠?
국장	그걸 왜 나한테 물어…?

국장, 논란 상황에 짜증이 밀려오는 듯 말한다.

| 국장 | 하…. 도대체 이걸 누가 올린 거야. 지금 이걸로 기사도 나고 방송국 게시판도 항의글로 폭주라는데! |

이런 국장을 보며 당황하는 영심.

| 영심 | 제, 제가 한번 알아볼게요! |

S#34 킹블리 - 대표실 (D)

그 시각, 대표실에서 상처를 살피는 경태.

| 경태 | 이렇게 잘생기고 곱디 고운 얼굴에…. 잡티 하나 없었는데…. 오영심…! 아냐… 릴렉스! 컴 다운! 아니, 근데 어떻게 거기서 그렇게 나오냐…. 역시 예측 불가야. 그날 거길 가는 게 아니었어. |

그때, 순심이 노크하고 들어온다.

순심	대표님, 큰일 났습니다.
경태	무슨 호들갑이야. 무슨 큰일인데. 뭐 우리 신제품 선주문 폭주라도 했나?
순심	그게 아니라…. 이것 좀 들어보세요.
경태	이게 뭐야…?

순심, 논란의 음성 파일이 담긴 태블릿 PC를 보여준다.

순심   방금 전에 익명으로 올라온 파일인데, SNS랑 유튜
        브에 빠른 속도로 퍼지고 있습니다. 기사도 올라오
        고 있는 중이고요. 이거 뭔가 잘못된 거죠, 대표님?

경태   아니… 대체 이걸 누가.

순심   반박 기사라도 준비할까요?

경태   아니야. 일단 상황을 좀 지켜보자.

순심   그러기엔… 너무 직격으로 타격받고 있습니다.

        경태, 기사를 내리자 각종 악플이 달려 있다.

악플러 1(E)   재밌게 보고 있었는데 사기였다니. 아직도 이런 식
            으로 방송하냐?

악플러 2(E)   왕경태 역대급 찌질이네. 오늘부러 킹블리 탈퇴한다.
            진짜 어이가 없어서.

악플러 3(E)   거짓말쟁이 이미지 최악! 오늘부로 손절~~~.

경태   (충격) …!

S#35   킹블리 – 대표실 (D)

        경태, 긴급 회의를 소집한다(경태, 순심, 봉구, 직원 1, 2 – 총
        5명).

직원1	생각보다 여파가 큰데요….
순심	킹블리 선호도와 신규 가입률이 논란 직후 급속도로 하락하고 있습니다.

순심, 킹블리 홈페이지 가입자 탈퇴 현황을 보여준다.

직원2	(자료 확인하고) 기존 가입자도 이렇게 탈퇴했다고? 말이 돼?
순심	전체 매출도 그렇고 특히 저희 자사 PB제품 판매율이 오늘 최저를 기록했습니다.
경태	….
봉구	기존 결제 건 환불에 취소 건수도 많아서 이번 분기 어렵겠는데요….
직원1	저희 상장 앞두고 창투사 심사까지 할 예정인데 참….

보고에 어두워지는 회의실 분위기.

경태	아니, 뭐 다른 이유가 있는 건 아니야?
순심	데이터는 거짓말을 하지 않습니다.
경태	(찌릿) 뭐?
순심	라고 대표님이 말씀하셨죠.
봉구	아직 회사 이미지가 대표 이미지와 직결되기 때문인 것 같습니다. 대표님이 이미지로 내세우신 정직함과

스마트함에 대한 배신감이랄까요⋯. 비호감이 높아지면서⋯. (눈치 보다가) 그, 아무래도 방송 출연 괜히 하신 건 아닌가 싶습니다.

경태   하⋯.

생각보다 심각한 상황에 심란해지는 경태. 손바닥으로 마른세수를 하며 고개를 숙인다. 이런 경태의 눈치를 보며 술렁이는 직원들. 그때, 경태가 테이블을 치며 자리에서 일어난다. 놀라서 다들 쳐다보면,

경태   오케이.
직원 2   뭐가 오케이죠, 대표님? 무슨 방법이라도⋯?
경태   정면 돌파해야죠.
일동   정면 돌파⋯?
경태   제가 만든 논란, 제가 해결하고 오겠습니다.

경태, 자리에서 일어서서 나간다. 어쩌려고 저러나 싶은 표정으로 경태를 쳐다보는 직원들. 경태, 멋지게 나가려다 문에 부딪히더니 다시 아무렇지 않은 척 나간다.

S#36   킹블리 - 주차장 (D)

주차된 자신의 차에 탑승하는 경태.

S#37   경태 차량 안 (D)

운전석에 앉아 고민하는 경태, 그러다 잠시 후 결심한 표정
이 되고, 출발한다.

경태   정면 돌파.

S#38   월숙 작업실 (D)

월숙이 자신의 유튜브 채널 담당자와 마주 보고 있다.

담당   월숙 씨, 어떡하지. 악플 달리기 시작한 거 봤어?

월숙   (태연하게) 당연 봤죠.

담당   이미지 나빠지면 어떡해…. 해명 글이라도 올릴래?

월숙   해명할 거 없어요. 즐겨요, 담당자님도.

담당   응?

월숙   무플보다 악플. 악플은 관심이에요. 봐요, 하루 사이
에 저 구독자 2배나 늘었어요. (웃으며) 연애도 사랑
도 결국 다 비즈니스예요~.

S#39　　방송국 - 예능국 사무실 (D)

국장의 화난 목소리가 예능국에 울려 퍼진다. 서로 눈빛을 주고받는 직원들.

국장(E)　　오영심 PD님, 참 대~단하십니다. 이게 니가 그렇게 얘기하던 진정성 있는 방송이었냐?

S#40　　방송국 - 국장실 (D)

국장 앞에서 고개를 떨구고 있는 영심.

영심　　(기어들어 가는 목소리로) 제가 유출자는 꼭 찾아보도록 하겠습니다….

국장　　그게 누군지 이젠 안 중요해. 사람들은 논란 그 자체만 보니까.

영심　　(납작 기는) 뭐라도 해볼게요.

국장　　어어, 위치로 위치로. 이제 아무것도 하지 마. 지금 니가 할 일은 시말서를 쓰는 일뿐이야.

영심　　국장님….

국장　　아, 하나 더 있다. 이번에 외딴섬들 특집으로 다큐 촬영한다니까 그 팀에 합류해.

영심　　네? 섬이요…? 섬에 들어가면 6개월 동안 못 나오잖

	아요. 아 씨, 선배, 저 진짜 유배 보내시려는 거예요?
국장	얼마나 좋냐. 너 좀 쉬어야 돼.
영심	아니, 이번에는 진짜 뭔가 좀 오해가 있는 것 같아요.
	제가 진짜 수습해 보겠습니다….
국장	어우, 그만하자 영심아.
영심	마지막으로 딱 한 번만 더 기회 주세요. 네…?
국장	나도 이제 어쩔 수가 없다.
영심	아, 그거 제가 찾으면 되잖아요….

그때, 똑똑 소리 들리고 왕경태가 들어온다. 경태를 보고 놀라는 영심.

국장	아, 왕 대표. 무슨 일이에요.

경태, 국장에게 성큼성큼 다가와 단도직입적으로 말한다.

경태	신규 예능 프로, 제가 하겠습니다.
국장	어쩌죠 근데, 상황이 좀 많이 바뀐 것 같은데. 실망이
	에요 왕 대표. 새 프로가 아니라 수습을 해야 될 판
	이에요.

논란 이후 태도가 바뀐 국장. 심드렁하게 경태를 쳐다보고,

경태	둘 다 할 수 있습니다. 수습도, 새 프로도.

국장	무슨 수로?
경태	정면 돌파해야죠. 그리고 신규 프로그램 제작비는 전부 저희 킹블리가 투자하겠습니다.

파격적인 경태의 조건에 놀라는 영심과 국장.

영심(NA)	제작비 전부?
경태	괜찮은 조건이죠?
국장	흠, 제작은 그렇다고 해도 무슨 수로. 어떻게 논란을 돌파할 건데요?
경태	과거의 감정으로 프로그램에 문제를 일으킨 제가 솔직하게 사과하고 오영심 PD와 함께 진정성 있는 진짜 연애 예능을 만들어 보겠습니다.

영심, 처음 듣는 얘기지만 허 국장이 쳐다보자 눈치 보며,

영심	(작게) 너랑 나랑?
경태	같이 잘 해볼 거지?

경태의 갑작스러운 제안에 당황한 표정의 영심과 이런 영심을 쳐다보는 경태.

4화

한 지붕 네 청춘

S#1   방송국 – 국장실 (D)

국장   오영심, 같이 상의한 거야?

영심   예…. 저희가! 해내 볼게요, 해볼게요.

국장   그럼 우선 기획안 가져와 봐.

경태   국장님, 저 킹블립니다.

국장   난 말은 안 믿어요. 자신 있으면 날 설득시킬 기획안
       가져와요. 오영심, 너 이번이 진짜 내가 줄 수 있는 마
       지막 기회다.

영심   네, 국장님!

국장   열흘 줄게. 그 이상은 못 기다려.

경태   열흘, 충분합니다.

S#2   방송국 – 국장실 앞 (D)

국장과의 면담을 마치고 나오는 영심과 경태.

영심   야, 아무리 그래도 그렇지. 너 방송 모르지? 열흘? 어
       쩌려고 그래.

경태   어떻게든 하면 되겠지!

영심   일단 뭐 그렇다 치고, 제작비는? 그거 나 때문에 미
       안해서 그러는 거면….

경태   이건 확실히 하자. 너 때문이 아니라 우리 킹블리 이
       미지 회복 때문에 하는 거야.

영심   그러길래 누가 월숙이랑 짜고 치래? 너 때문에 내 인
       생도 완전히 꼬였어. 어휴, 보자마자 어쩐지 엎어치
       기를 날려버리고 싶더라니!

경태   어휴, 이 성격은 아직도 그대로야.

       자신을 쳐다보는 영심을 보며 또 엎어치기 당할까 움찔하
       는 경태. 하지만 여기서 물러설 순 없다.

경태   그러게 참, 촬영 파일 유출되게 관리 잘못한 게 누구
       때문인데. 그러고도 너가 프로야? 그러니까 국장님
       도 널 못 믿는 거지.

영심   뭐, 너 지금 뭐라 그랬어? 니가 내 인생에 대해 뭘 알
       아?!

경태	내 말이 틀렸어? 사실이 그렇잖아.
영심	이 상황에서 남 탓을 해? 너 진짜 어이없다. 너 이러는 거 너네 직원들이 알아? 니가 이렇게 유치하고 찌질한 거 직원들이 아냐고.
경태	뭐 찌질이?

영심의 말에 흥분한 경태, 목청이 높아지고.

영심	그래. 찌질이. 킹블리가 아니라 완전 찌질리구만 찌질리~.
경태	뭐? 찌질리?
영심	그래. 찌질리.
경태	찌질리?
영심	그래! 찌질리!!
경태	너 말 다했어?!
영심	아니! 다 안 했다. 이 사기꾼 찌질이 자식아!

그때, 국장실 문이 열린다.

국장	잘 하고 있어? 밖이 좀 시끄럽던데.
영심	네! 저희 열띤 토론 중입니다.
국장	… 토론?
경태	네! 저희 오영심 PD님이 열정이 너무 넘치셔서 꾸러기입니다. 열정꾸러기. 하하!

영심	하하하…. 이렇게 열띤 토론 속에 좋은 프로그램이 나오는 거니까 믿고 조금만 기다려 주세요.
경태	저희 킹블리가 앞장서게 생겼고요. 오영심 PD님, 저희 같이 잘 해볼 거죠…?
영심	잘 해봐야죠. 왕 대표님. 하하하….
국장	그래, 기대할게.
경태	밥줄이 무섭긴 무섭구나. 이 찌질한 사기꾼이랑 손을 다 잡고 말이야.
영심	그거는 킹블리도 마찬가지 아니야?
경태	그래서 하겠다고, 안 하겠다고? 킹블리의 제안은 이번이 마지막이야. 오영심 PD, 같이 하실 겁니까?
영심	PD로서의 자존심 때문에 어쩔 수 없이 하는 겁니다.
경태	난 우리 킹블리 이미지 회복을 위해 올인할 거야. 그러니까 구질구질하게 감정 섞지 말고 똑바로 하자.
영심	왕마크 씨나 똑바로 하세요.
경태	이거 몇 개야?
영심	3.
경태	보여?
영심	3!
경태	3일 뒤에 아이디어 가져와.
영심	3일? 니가 뭔데. 니가 뭐 국장이라도 돼?
경태	나? 오영심 PD의 예능국 생존을 쥐고 있는 동아줄이지. 안 그래?
영심	아니, 프로그램은 같이 하는 거지!

경태	난 돈 버느라 바빠서 이만.

경태, 영심을 두고 유유히 방송국을 나선다.

영심	야!! 잠깐만, 3일? 3일이면 얼마 안 남았잖아. 안 돼!

S#3   방송국 – 예능국 카페테리아 (D)

채동, 자리에서 20년 전 애니메이션 〈영심이〉를 보고 있다. 만화 속 영심과 경태의 이야기를 세상 진지한 표정으로 집중해서 보고 있는 채동.

채동	둘이 이런 히스토리가 있었어? 아니, 선배를 이 정도로 좋아했다고? 어디까지가 진짜고 어디까지가 만화인 거야? 예상치 못한 강적 등장이네, 진짜.

그러다 채동, 자신이 과거 킹블리를 추천했던 순간이 떠오른 듯,

과거 채동	스타트업이면 혹시 이 사람은 어때요? 킹블리라고 요즘에 완전 뜨는 유니콘 스타트업 있거든요. 패션 이커머스로 돈을 엄청나게 벌었는데 여기 대표가 이번에 서울 들어왔다고 하더라고요.

다시 현재.

채동   내가 그때 킹블리를 왜 얘기한 거지. 내 발등을 내가
        찍었구나.

S#4   몽타주

영심과 경태가 함께하는 새로운 예능을 위한 TF 사무실이
꾸려진다. 자료 조사를 하고 레퍼런스 체크를 하는 영심.

(시간 경과)

그사이 모두 퇴근하고 어두워진 사무실에서 홀로 스탠드를
켜고 앉아 있는 영심. 기지개를 펴며 스트레칭을 하는데, 목
을 돌리는 순간 '우드득' 소리가 난다.

영심   죽겠네 진짜…. 아니야, 이렇게 죽을 순 없지. 오영
        심…! 죽으면 안 돼. 정신 차려! 할 수 있어, 할 수 있
        어! 죽으면 안 된다! 오영심!

S#5   영심이네 – 대광 작업실 (N)

흰 화면 위에 펜촉이 등장하고 그 위로 만화 속 어린 경태의 얼굴이 그려진다.

대광   낡아빠져가지고…. 손도 아프고 못 그리겠다.

더 그리려 애쓰다 결국 펜을 내려놓는 대광. 그때, 초인종이 울린다.

S#6   영심이네 골목 (N)

채동에게 10단짜리 찬합을 양쪽에 쥐어 주는 진심.

진심   많이 무거워?

채동   무겁긴요. 이게 다 누님의 정성과 사랑인데요. 영심 선배는 꼭 제가 챙기겠습니다.

진심   우리 이 PD는 말도 참 예쁘게 해 줘말. 내가 이 PD가 좋아하는 어묵 튀김도 좀 넣었어.

채동   감사합니다. 어묵 튀김 진짜 좋아하는데.

뒤에서 이 모습을 쳐다보는 대광.

채동	아버님, 안녕하십니까.
대광	내가 왜 자네 아버님인가.
채동	저번엔 그렇게 부르라고….
대광	내가 언제…?
진심	아빠, 갑자기 또 왜 그러세요. 늦었으니까 신경 쓰지 말고 빨리 가 봐요.
채동	네, 그러면 저 가보겠습니다. 감사합니다.

채동, 바르게 인사하고 대문을 나서자 대광을 끌고 안으로 들어가는 진심.

S#7   영심이네 - 거실 (N)

거실에 모여 TV를 보며 다과를 먹고 있는 영심이네 가족.

진심	아빠, 갑자기 채동이한테 왜 그러세요?
대광	경태가 왔잖아. 영심이한테는 경태가 어울리지.
진심	그래도 그건 좀 아니지. 어휴, 참 사람이.
대광	됐고, 영심이는 요즘 뭘 하길래 집에도 안 들어오냐.
순심	이번에 뭐 프로그램 만드느라 정신없는 거 같던데?
진심	문제 생겨서 사표 내야 할 수도 있다더니 잘 해결된 거야?
순심	이제 그걸 해결하려면 열심히 해야 한대. 경태 오빠,

　　　　　　　아니, 마크랑.

우상　　　　아니, 그게 무슨 말이야? 경태랑 잘 해보라고?

순심　　　　아니~. 이번에 경태 오빠랑 오영심이랑 같이 연애
　　　　　　예능인가 뭘 만든대요.

대광　　　　연애 예능. 세상에 그거 듣던 중 반가운 소리다.

순심　　　　뭐가 반가워 아빠…. 전 국민 앞에서 영표녀로 망신
　　　　　　주고 그 원한으로 엎어치기 당한 걸 눈앞에서 보고
　　　　　　도? 그게 반가워?

대광　　　　둘은 인연이야.

순심　　　　글쎄. 난 솔직히 걱정돼. 우리 마크 뒤끝 작렬이라고
　　　　　　소문 자자하거든.

대광　　　　뭐 어때? 남자가 능력만 있으면 되지.

우상　　　　맞습니다. 남자는 뭐니 뭐니 해도 능력이죠.

진심　　　　아니, 오늘 보니까 영심이한텐 애교 많고 다정한 채
　　　　　　동이 같은 스타일도 참 괜찮을 거 같던데.

우상　　　　근데 채동 씨는 멀쩡하던데? 제정신이 아니고서야
　　　　　　영심 처제랑 어떻게….

진심　　　　우리 영심이가 어때서?

대광　　　　영심이는 경태야.

진심　　　　채동이 같은 스타일도 참 괜찮을 것 같은데….

대광　　　　경태는 영심이야.

진심　　　　채동이.

S#8   버스 정류장 (N)

정류장에서 찬합을 들고 버스를 기다리는 채동. 이런 채동에게 불쌍한 표정의 대학생이 다가온다.

대학생   저기요, 혹시…. 제가 지갑을 잃어버려서 차비 좀 빌릴 수 있을까요….

채동   아….

S#9   [회상] 3년 전, 버스 정류장 (D)

면접 복장을 한 채동이 읍소하며 지나가는 사람들에게 돈을 빌리고 있다.

채동   제가 면접에 가야 하는데 지갑을 잃어버려서…. 차비를 좀 빌릴 수 있을까요? 제가 끝나면 바로 입금해 드릴게요.

하지만 바쁜 사람들, 이런 채동의 얘기를 듣지도 않은 채 지나가는데,

영심   저기요, 내가 빌려줄게요.

채동이 돌아보자, 영심이 서 있다. 밤새 촬영하느라 노숙자에 가까워진 차림에 무슨 이유인지 화장이 번져 다소 괴이한 모습.

영심   얼마 필요해요?

cut to
영심에게 돈을 꾸고 빠르게 도착하는 택시를 잡는 채동.

채동   제가 면접에 늦어가지고…. 끝나면 바로 입금해 드릴게요.

영심   천천히 줘도 돼요. 아니다, 그냥 안 갚아도 돼요. 안 쫓아가.

채동   가, 갚아야죠. 갚을게요, 진짜. 감사합니다….

영심   아, 잠깐만요

영심, 채동의 넥타이를 다시 고쳐 매준다.

영심   사람 첫인상이 되게 중요하잖아요. 요즘 취업하기 되게 힘들다던데, 꼭 합격했으면 좋겠어요. 그리고 혹시 면접관들이 압박 주고 막 뭐라 하면 그냥 지나가는 동네 개저씨가 짖는다 생각하고 막 하고 싶은 말도 다 해요. 기죽지 말고요. 파이팅.

S#10　　버스 정류장 (N)

채동　　그때도 프로그램 잘리고 펑펑 울었던 날이었을 텐
　　　　데, 선배는 늘 예상치 못한 데서 감동을 준다니까. 식
　　　　기 전에 빨리 가져다줘야지.

S#11　　방송국 - 대회의실 (N)

조용히 문을 열고 들어오는 채동. 모니터에 사방으로 아이
디어를 적은 포스트잇이 빼곡하게 붙어 있다.

채동　　진짜 열심히 하네….
영심　　우리 집 갔다 왔냐?
채동　　네, 개코개코….

cut to

채동　　선배, 천천히 좀 드세요. 천천히 좀.
영심　　시간 없어. 빨리 먹고 기획서 다시 써야 해. 내 팔자
　　　　에 연애 예능을 두 번이나 하고…. 요즘 똑같은 프로
　　　　그램이 너무 많아서 어떻게 차별화를 둬야 할지 모
　　　　르겠네.
채동　　쉬엄쉬엄해요. 어차피 다 먹고살자고 일하는 건데.
영심　　이번엔 진짜 제대로 해보고 싶어.

채동	선배, 근데 저희 꼭 그 왕경태라는 사람이랑 해야 돼요?
영심	응? 그게 사실 왕경태 없으면 기회도 없었어. 미안하다. 내가 널 너무 부려먹지….
채동	그런 게 아니라…. 저 궁금한 게 하나 있는데 선배랑 그 왕경태라는 사람이랑 옛날에 어떤….

그때, 문이 열리며 방송국 후배들이 등장한다.

장환	아, 뭐야. 맛있는 냄새~.
상은	대박~.
영심	앉어, 앉어. 이거 먹어. 여기 접시 줄게. (채동에게) 여기 접시 좀 꺼내줘.
채동	네네.
영심	이거 진짜 맛있어. 다른 건 못 해줘도 너네 먹는 거는 푸짐하게 먹게 해줄게.
상은	고마워요.
영심	그거 알아? MBTI도 연애 궁합이 있더라. 너 MBTI 뭐야?
상은	저요? ISTJ였나?
영심	아, 진짜?

S#12   영심이네 – 영심·순심이 방 (N)

침대에 점프해 그대로 뻗는 영심. 바닥에선 순심이 운동을 하고 있다.

영심   침대에 누워보는 게 얼마 만이냐.

순심   왜 이렇게 열심이야? 일이 그렇게 많아?

영심   세상에, 세상에. 내가 왕경태를 모시고 프로그램을 하게 될 줄이야. 정말 한 치 앞도 모르는 게 인생이다…. 긴장의 끈을 놓을 수가 없다.

순심   그건 그래…. 나도 경태 오빠가 내 보스가 될지 누가 알았겠어. 그나저나 앞으로 어떻게 할 생각?

영심   일단은 프로그램 마무리될 때까지 죽으라고 하면 죽는 시늉이라도 할 생각.

순심   왜 그렇게까지 해. 그냥 안 하면 안 돼?

영심   그렇게 성질 부리다가…. 나 진짜로 아무것도 못 하게 될 것 같아서. 이번에는 드럽고 얄미워도 꾹 참고 돌파해 봐야지.

순심   갑자기 철들었냐…. 어색하게….

영심   왕경태랑 함께 20년 전 찝찝함도 돌파해 보고 싶고. 뭐, 피하는 게 답은 아닌 것 같아서.

순심   근데 경태 오빠가 20년 만에 나타난 거 정말 우연일까? 언니는 경태 오빠 보면 아무 생각도 안 들어?

영심   우선은 아무 생각 안 하고 그냥 받아들이기로 했어.

그러니까 심플해지네. 이번에는 뭐 자존심이고 체력
이고 다 불태워야지.

순심   역시 오영심···. 이름처럼 아무 생각이 없구나.

영심   그래봤자 걔는 왕경태고, 나는 오영심이지. 이렇게 시
작한 이상 나도 빠꾸는 없다.

[자막 : 3일 후]

S#13   경태의 집 - 거실 (D)

운동을 하고 있는 경태. 그때, 현관문 벨이 울린다. 인터폰
을 확인하니 영심이 보인다.

S#14   경태의 집 - 거실 (D)

감탄하며 집 안에 들어서는 영심.

인부 1   아이, 좀 지나 갑시다.

인부 2   왜 길을 막고 그래···.

경태   (영심에게) 아, 들어와. 지금 공사 중이어서 그래.

영심   이 넓은 데 너 혼자 사는 거야?

경태   어, 한국에 있는 동안 여기서 지낼 거야.

영심	진짜 성공했네….

S#15   경태의 집 – 서재 (D)

경태	그건 그렇고, 좋은 아이디어는 가져왔지?
영심	전체적인 틀은 잡혔는데 뭔가 특별한 한 방이 부족한 거 같아서 시간이 좀 필요한데….
경태	시간 없는데. 오영심 PD님, 연애 예능의 핵심이 뭐라고 생각하세요?
영심	핵심?
경태	직접 출연해 봤으니까 입장 바꿔서 한번 생각해 봐.
영심	핵심…? 상대방 속마음을 먼저 캐치하는 게 핵심이지 않을까? 나에게 관심이 있는 사람이 누구인지, 그 사람의 속마음이 어떤지 알 수 있으면 실패할 확률도 좀 적어질 거라는 생각도 들어. 온갖 추측이랑 망상도 안 해도 되겠지…?
경태	그런 게 재미 아닐까? 다 알면 재미없잖아.
영심	그렇긴 하지. 아무리 프로그램이라도 감정은 거짓말을 못 하잖아. 작정하고 누굴 속이려는 사람만 아니라면 솔직할수록 좋은 거 같아. 그럼 고민할 필요도 없이 서로한테 다가갈 수 있잖아.
경태	사람이 얼마나 순수하게 솔직할 수 있을까?
영심	그럼 지금 테스트 한번 해볼까? 어디까지 솔직해질

수 있는지? 나 궁금한 거 있어. 이번에 우리 프로그램 출연 결정 왜 한 거야?

경태 나도 질문. 최종 선택 때, 왜 날 선택했어?

영심 그건… 그때 니가 그렇게 사라지고….

그 순간, 서재 책장이 무너져 둘을 덮친다.

S#16   응급실 – 입구 (N)

다급한 표정으로 응급실에 들어서는 영심의 가족들.

진심 세상에 이게 무슨 일이야…. 우리 영심이 어떡해….

옆으로 크게 다친 환자들이 이송되자 주저앉는 대광.

대광 아니지… 아닐 거야…. 이대로 보낼 수는 없어.

우상 형부라고 해준 것도 없는데….

순심 아냐, 아냐…. 그래도 얼굴은 확인해야지. 저기요, 오영심이라고 약간 얼굴 하얗고 촌스럽게 생긴 여자 혹시 어디로 갔어요…?

간호사 오영심 씨요?

순심 네….

간호사 외래 진료실로 가시면 됩니다.

순심	외, 외래요…?
간호사	네.
순심	어쨌든 여기로 가면 된다는 거죠? 가자.
대광	영심아 !

S#17   응급실 – 진료실 (N)

의사	오영심 씨는 허리와 무릎에 약간의 타박상이 있습니다. 왕경태 씨는 약간의 경미한 뇌진탕 증세가 있긴 하지만….
경태&영심	뇌진탕이요?
의사	다행히 입원할 정도는 아닙니다. 하지만 혹시 모르니 절대안정을 취하시고 보호자가 옆에서 잘 지켜봐 주세요.
영심	네….
의사	혹시나 이상 있으시면 외래 잡고 진료 받으세요. 오늘은 귀가하셔도 좋습니다.
경태	선생님, 저 괜찮은 거 맞죠…?
영심	얘 코피 나는데 괜찮나요…?
경태	엄마한테 전화해 주세요….
영심	얘 왜 이러지…?

S#18   응급실 – 복도 (N)

얼굴 곳곳에 반창고를 붙이고 나오는 영심과 경태.

경태   (코피 난 휴지 보고는) 피!!!

순심   어머, 언니 왔다.

진심   영심아! 영심아, 괜찮아? 어디 다친 데 없어…?!

영심   괜찮아…. 괜찮아요….

대광   근데 경태가 더 많이 다친 거 같다?

영심   아, 경태는 가벼운 뇌진탕 증상이라는데, 괜찮대요.

대광   뇌진탕!

영심   (대광 입 막는) 아버지….

대광   아니, 뇌진탕이면 입원해야 되는 거 아니야?

영심   괜찮대. 그냥 좀 돌봐주면 될 것 같아.

대광   코피까지 흘렸어, 코피까지….

진심   안 괜찮아 보이는데…?

영심   아까 난거야, 아까. 괜찮아….

cut to

진심   같이 타고 가. 너 집도 못 가고, 갑자기 부를 사람도 없
        잖아.

경태   진짜 괜찮습니다. 호텔에 가면 돼요.

대광   경미하지만 뇌진탕 증세 있다며. 갑자기 혼자 있다
        가 뇌출혈로 쇼크 오면 어떻게 할거야?

영심	자기가 괜찮다잖아…!
진심	애는. 이 오밤중에 갈 곳 없는 애를, 게다가 저렇게 다친 애를 어떻게 혼자 보내니?
영심	호텔보다는 집이 괜찮을 것 같긴 한데…. 그래, 의사 선생님도 며칠 잘 지켜보라고 했으니까 너 편한 대로 하든가….
진심	편하긴 당연히 집이 더 편하지! 그냥 집으로 가자.
우상	그래, 같이 가자.
경태	진짜 괜찮습니….

그때, 진심이 경태의 등짝을 손바닥으로 때린다.

진심	괜찮긴 뭐가 괜찮아. 어려울 때 서로 돕고 그러는 거지. 우리가 뭐 처음 보는 남이니? 그리고 너 어렸을 때 우리 집에 와서 며칠씩 눌러앉다 가고 그랬잖아.
영심	다들 왜 그래, 애 괜찮다는데. 어쨌든 싫다잖아, 놔두자 그냥.
경태	… 싫은 건 아닌데.
대광	싫은 게 아니면 경태야. 어른들이 이 정도 얘기 했으면 더 거절하는 거 예의 아니다.
순심	아빠, 왜 그래….
경태	저 그럼 잠깐만 신세 지겠습니다.
진심	그래, 잘 생각했어.
대광	그래, 결정 잘 했다.

우상 차량 안 (N)

대광   그나저나 도대체 어떻게 된 거야. 어쨌길래 벽이 무
         너져.

경태   인테리어 공사 중이었는데…. 뭔가 문제가 생긴 거
         같아요.

진심   이만하길 천만다행이지. 근데 경태는 어쩌다 머리를
         그렇게 다쳤어?

경태   그게… 기억이 잘…. 분명 영심이랑 같이 있긴 했었
         는데….

S#20   플래시백, 경태의 집 - 서재 (D)

경태   최종 선택 때, 왜 날 선택했어…?
영심   그건…. 그때 니가 그렇게….

         그때, 굉음과 함께 서재 책장이 무너지기 시작한다.

경태   !!
영심   **위험해!**

         영심이 순발력을 발휘해 간발의 차이로 경태를 끌어낸다.
         ↖ 자신의 위에 포개진 영심을 밀어내려는 경태. 그 순간, 책장

위에서 떨어지던 AI 스피커가 넘어진 경태의 뒤통수를 강타하고, 경태가 그대로 기절한다.

영심   경태야!

S#21   우상 차량 안 (N)

순심   역시 오영심, 위기에 강하다니까. 평소에 운동을 그
          렇게 열심히 하더니…. 대표님, 언니한테 빚이 생기
          셨네요?
영심   내가 운동신경이 좀 좋더라고?
진심   그런데, 그렇게 좋은 집이 은근히 부실하네. 공사 좀
          했다고 그 큰 책장이 무너져?
순심   원래 완벽해 보일수록 빈틈이 있는 법이니까.

S#22   영심이네 – 대광 작업실 (N)

경태에게 빈방을 안내하는 대광.

대광   당분간 이 방 써. 작업실이라 좀 휑하긴 한데, 그래도
          나름 깨끗해.
경태   너무 좋은데요.

우상	그리고 이거 잠옷으로 입어. 내가 아끼는 거야.
경태	고마워요 형님.
대광	경태 쉬어야 되니까 나가자고.
우상	잘 입어!

cut to

우상의 무릎 나온 칙칙한 추리닝을 입고 자리에 눕는 경태.

| 경태 | 요즘에도 이런 이불을…? |

S#23   영심이네 – 영심·순심이 방 (N)

같은 시각, 역시 뭔가 상당히 불편한 표정으로 침대에 누워 창문으로 밤하늘을 보고 있는 영심.

| 영심 | 불편하고 불편하다. |

S#24   영심이네 – 대광 작업실 (N)

꿀잠에 빠져드는 경태.

S#25   방송국 – 예능국 카페테리아 (N)

영심에게 전화를 거는 채동.

채동   왜 이렇게 전화를 안 받아.

S#26   영심이네 전경 (D)

채동(E)   저 채동이요.

S#27   영심이네 – 거실 (D)

진심   채동 씨, 어서 와.
채동   혹시 영심 선배는 어디 계실까요…?
진심   아, 영심이. 2층에.

채동, 경태를 발견한다.

채동   왜 여기 계세요?
진심   아, 사정이 좀 있어서 당분간 우리 집에 있게 됐어.
경태   가족처럼 대해주셔서 감사합니다. 이 신세는 제가
       잊지 않겠습니다. (채동 보며) 집에 안 가요? 계속 그

렇게 서 있을 건가?

채동	누님~ 저 오늘 밥 먹고 가도 되죠?
진심	아유, 그럼. 우리 채동 씨 뭐 먹고 싶어?
경태(NA)	우리 채동⋯?
채동	채동이는요~. 누님표 맛있는 돼지갈비 될까요?
진심	그럼~ 기다려~.
채동	감사합니다.

S#28 　　　영심이네 - 부엌 (D)

진심이 차린 돼지갈비 상차림이 보인다.

진심	많이 먹어요~.
경태	네~.
채동	잘 먹겠습니다.
경태	고기가 아주 빛깔이~. 양념도 장난 아니네요.
채동	다이어트 한다고 하셨던 것 같은데?
경태	환자는 이 정도는 먹어줘야 빨리 낫는다고요. 그리고 단백질이 엄청나네, 엄청나.
채동	이거 진짜 맛있어요. 우리 엄마 요리보다 더 맛있는 것 같아요. 진짜로.
진심	우리 채동 씨 진짜 복스럽게 잘 먹는다.
채동	맛있으니까 그렇죠.

경태	상추에다가 싸 먹으면 또 얼마나 맛있습니까?
채동	상추 유기농이죠?

전투적으로 점심 대첩에 참전하며 신경전을 벌이는 경태와
채동. 그 모습을 멀찍이 떨어져 지켜보는 영심과 순심.

S#29   영심이네 – 거실 (D)

후식까지 먹으며 거실에서 TV를 보는 채동.

경태	이렇게 남의 집에 오래 있어도 되나? 이런 게 민폐 아니야?
채동	선배랑 얘기해야 될 것도 있고 해서 괜찮습니다.
영심	일 얘기는 회사에서 하고, 오늘은 너까지 여기서 이러고 있지 말고 빨리 가.
진심	조만간 또 와?

S#30   영심이네 골목 (D)

| 채동 | 하루 방심한 사이에 이렇게 되나. 왕경태, 보통 인간이 아니네…. |

그때, 학원 수업을 마치고 돌아오는 지유가 보인다.

채동   어? 지유야?

지유   아, 안녕하세요.

채동   하이! 공부하느라 고생이 많지. 밥은 챙겨 먹었어?

지유   네. 학원 근처에서 먹었어요.

채동   잘 했네. 다음에는 내가 주말에 와서 진짜 맛있는 거
           사줄게. 약속!

지유   (수줍) 아… 네.

채동   그럼 조심히 들어가. 아! 잠깐만, 지유야? 혹시… 부
           탁 하나만 해도 될까…?

S#31   영심이네 - 마당 (D)

마당으로 나오는 경태.

경태   너무 많이 먹은 것 같은데, 이렇게 먹은 게 도대체
           얼마만이야…. 여긴 그냥 변한 게 하나도 없네….

스트레칭을 하는 경태.

경태   소화가 되려나?

그때, 소화됐는지 트림이 올라오는 경태. 마침 대문을 열고 들어오던 지유와 마주친다. 지유, 더럽다는 듯 째려보고 확 들어가 버린다.

경태   어휴, 소화 안 돼….

S#32   월숙 작업실 (D)

작업실에서 일하고 있는 월숙, 문득 휴대폰을 확인한다.

월숙   … 연락이 올 때가 지났는데? 왕경태 많이 바쁜가? 이렇게 논란이 됐는데 주인공인 나한테 연락을 안 할 수가 없을 텐데? 이럴 리가 없는데…. 먼저 보내 봐? 아니야, 아니야. 기다려 구월숙. 자존심이 있지.

스태프   월숙 씨, 다음 달 콘텐츠는 뭘로 할까요?

월숙   할 만한 소재는 다 했죠…?

스태프   네, 웬만한 연애 토픽은 재탕에 삼탕까지 다 했죠.

월숙   나 완전 좋은 생각이 떠올랐어! 내가 킹블리 섭외하면 어때?

스태프   그럼 진짜 대박이죠. 직접 섭외하실 거예요? 요즘도 연락하세요?

월숙   다, 당연하지.

스태프   그럼 믿고 맡길게요.

스태프, 한결 마음이 편해진 표정으로 나간다.

월숙   혹시 오영심이는 킹블리 근황 알고 있으려나?

S#33   몽타주

주말 아침, 편한 차림으로 거실 바닥에 한가득 아이디어 페이퍼를 펼쳐놓고 요란하게 일하고 있는 영심. 이런 영심을 감시하듯 쳐다보며 냉장고에서 미리 사둔 고급 미네랄워터를 꺼내 들이켜는 경태.

경태   크흠, 아유 목말라.
영심   …. (관심 없음.)
경태   시원~ 하다!
영심   ….

경태, 영심의 관심을 끌기 위해 시끄럽게 굴지만 돌아보지 않는 영심.

S#34   몽타주

경태, 1층 작업실에 앉아 프로그램을 핑계로 영심에게 이것

저것 요구하며 카톡으로 일을 시킨다.

[경태: D-day 3일 남은 거 알지? 기획안 다 됐어? 어디까지 됐어? 레퍼런스 다 봤어?]

영심   누가 대표 아니랄까 봐 엄청 다그치네 진짜!

[경태: 아, 킹블리 로고 선명하고 잘 보이게 배치하고]

영심   한다 해…. 이기적인 놈. 나한테 다 하라 그러고.

그때, 걸려오는 월숙의 전화.

영심   구월숙!? 이걸 받아 말아…. 여보세요.
월숙(F)   왜 이렇게 늦게 받니?
영심   구월숙, 혹시 미안한 마음에 나한테 사과하려고 전화한 거면….
월숙(F)   남녀상열지사에 미안하고 말고가 어딨어. 유치하게.
영심   너네 때문에 나 방송국에서 짤릴 뻔했거든?
월숙(F)   논란 이후에 〈사랑의 짝대기〉 동영상들 조회 수 배 이상 늘어난 거 몰라? 인기에 구설은 너무나 자연스러운 거야. 마치 나, 구월숙처럼.
영심   왕경태나 너나 나 약 올릴 생각뿐이지? 나 바빠.
월숙(F)   어머? 나 경태 물어보려고 전화한 건데. 너 혹시 요즘 경태 뭐 하는지 아니?

영심   니네 또 나 몰래 뭐 계획하고 있는 거 아니지?

월숙(F) 그게 무슨 소리야?

영심   니가 궁금해하는 왕경태, 지금 우리 집에 있거든.

월숙(F) 왕경태가?? 도대체 왕경태가, 왜, 언제부터 (당황해
        서) 왜 너희 집에 있는 건데??

영심   왕경태 데려갈 생각 있으면 대환영.

S#35   영심이네 동네 (N)

무선 이어폰을 끼고 동네를 한 바퀴 돌며 러닝하는 경태.

S#36   영심이네 - 거실 (N)

외식하러 나간 가족들, 그 때문에 아무도 없고 조용한 집으
로 들어오는 경태.

경태   아무도 안 계시나…? 어휴, 더워.

S#37 영심이네 골목 (N)

영심이네 집 앞에 서 있는 월숙.

월숙   자존심 상하지만 아쉬운 사람이 우물을 파야지…?
아니, 더한 것도 할 수 있지. 사랑은 쟁취하는 거야.

그때, 뒤에서 인기척이 들린다.

월숙   어? 채동 씨, 여기는 어쩐 일이에요?

채동   안녕하세요. 월숙 님은 여기 어쩐 일이세요?

월숙   제가 찜콩해야 되는 게 있어서요. 그나저나 그쪽은 이
시간에 직장 동료 집엔 무슨 일이지?

채동   저도 선배에게 전해드릴 게 있어서 잠깐 들렀어요.

월숙   전해줄 게 뭔데요? 내가 전해줄게. 혹시 사랑? 깔깔깔.

채동   다 깨겠어요….

월숙   채동 PD님이라 그랬나? 지금 그쪽 눈빛이랑 내 눈
빛이랑 매우 비슷한 거 알고 있어요? 내가 볼 때 우
리는 바라는 게 같아. 우리 같이 연합 안 할래요? 내
가 PD님을 좀 많이 도와줄 수 있을 거 같은데?

채동   왜 이러세요….

월숙   뭘 겁내고 그래.

S#38   영심이네 - 2층 욕실 (N)

땀에 젖은 옷가지들을 하나씩 벗기 시작하는 경태. 한편, 욕조에서는 영심이 파티션을 치고 반신욕 중이다. 영심, 밖에 인기척 소리가 나자,

영심   오순심, 입욕제 가져왔어?

경태, 이어폰을 끼고 있어 듣지 못한 채 더 벗는다. 영심, 목소리 없는 인기척에 경태가 있는 줄 모르고 욕조에 있다 파티션을 열고 그대로 나가면,

영심&경태   !!!

영심의 몸이 균형을 잃으며 미끄러운 욕실 바닥 위로 함께 넘어지는 두 사람.

영심&경태   (비명) 으아!!!

5화

흥분하면 울리는

S#1   영심이네 - 거실 (N)

거실 테이블을 사이에 두고 앉아 있는 네 사람.

채동(F)   상기된 얼굴, 풀어헤쳐진 앞섶…. 심지어 아무도 없
        는 집에 단둘…?!

월숙(F)   흔들리는 동공, 과호흡, 머리는 또 왜 젖어 있고…?

영심   으, 음료수들 안 마셔? 오늘 되게 덥네…. 얼음 다 녹
        겠다.

영심, 앞에 있는 음료 잡는데, 마침 경태도 음료에 손을 뻗
다가 두 사람 손등이 스친다.

영심	으악!
채동	왜, 왜요 선배?
영심	으, 응. 벌레 있는 줄 알았어.
월숙(F)	(눈빛) 있네, 있어. 무슨 일 있었네. 내 촉은 못 속여.
경태	난 바빠서 먼저 일어날게.
월숙	아직 본론은 시작도 안 했는데 어디가? 어떻게 된 거야. 비명까지 들리고. 무슨 일이 있었던 건데?

S#2　　플래시백, 영심이네 - 2층 욕실 (N)

영심의 몸이 균형을 잃으며 미끄러운 욕실 바닥 위로 함께 넘어지는 두 사람.

영심&경태	(비명) 으아!!!

＊인서트 -
들려오는 소리에 멈칫하는 월숙과 채동.

영심	꺄! 저, 저리 떨어져!
경태	너나 내 몸에서 떨어져!
영심	고개 돌려!
경태	이럴 시간에 일어났겠다!
영심	빨리 고개 돌리고 눈 감으라고!

경태	뭐 볼 거 있다고!
영심	뭐 볼 거…? 봤어? 봤네!!
경태	안 봤어!
영심	봤어! 봤네!!
경태	안 봤어, 안 봤어…!

영심과 경태, 이 상황에서도 투닥거리며 싸우고 있다. 그때,
계단을 올라오는 월숙, 채동의 목소리가 들린다.

| 월숙(E) | 영심아, 2층에 있니? |
| 채동(E) | 선배, 저 왔어요. 저 올라가요. |

허겁지겁 일어나는 두 사람. 어떻게 해야 할지 몰라 허둥대
다 손에 잡히는 대로 아무거나 집는다.

S#3   영심이네 – 2층 욕실 앞 (N)

| 영심(E) | 어!! 내려가! |

월숙과 채동이 2층에 올라오자 서로 밀치며 다급하게 욕실
에서 나오고 있는 두 사람의 모습이 보인다.

| 채동 | 선배…? |

영심이 경태의 추리닝 상의를 입고 있고, 경태는 영심의 핑크색 상의를 입고 있다.

S#4   영심이네 – 거실 (N)

영심   우리 집에 욕조가 딱 하나밖에 없잖아. 그래서 서로 먼저 하겠다고 싸우고 있는데 니들이 온 거야. 그지…?

경태   어어.

월숙   흠. 그 비명은 분명 못 볼 걸 봤을 때의 소리였는데?

영심(F)   역시 구월숙, 예리해….

월숙   아니야?

영심   아닌데? 비명은 무슨, 그나저나 이 시간에 너네 둘이 우리 집에 웬일이야?

월숙   아, 나~. 우리 경태 섭외하러 왔지.

경태   나, 나를?

영심   왕경태는 나랑 같이 프로그램 하기로 했는데?

월숙   헐, 이게 무슨 소리야? 무슨 프로그램? 둘이? 같이? 언제? 나도 모르게 어떻게 이럴 수가 있어? 채동 씨, 이게 사실이에요??!

채동   아, 네….

월숙   무슨 프로그램인데?!

채동   연애 예능 프로그램인데요….

월숙	와, 니들 진짜 의리 없다.
영심	의리?
경태	… 비즈니스야.

대답하며 영심을 쳐다보는 경태. 눈이 마주치는 순간 갑자기 끈적한 필터와 함께 야릇한 BGM이 흐른다.

경태(NA)	뭐야, 이 두근거림은….
월숙	재밌겠다, 그 비즈니스. 나도 같이하면 되겠다.
영심	누구 맘대로?
월숙	방송 이슈 되고 이렇게 두 번째 프로그램까지 하게 된 거 사실 다 내 지분도 있는 거잖아. 아니? 있는 정도가 아니지, 결정적이었지. 내 활약 없이 그게 가능했을 것 같아?
영심	사람 뒤통수치는 게 활약이니?
월숙	어머, 얘 뭐라는 거니. 그런 건 뒤통수가 아니라 서스펜스라고 부르는 거야. 영심아, 이러니까 지금까지 니가 하는 프로그램이 그렇게 재. 미. 없었던 거야. 연애도 그 모양이고.
영심	야! 구월숙!!
월숙	너랑은 얘기가 안 통한다. 경태야, 괜찮지? 분명 너한테 도움이 될. 넌 사업가니까 느낌 탁 오지 않아? 채동 씨도 당연 괜찮겠고?
영심	채동아, 저분한테 쓸데없는 소리 하지 말라고 그래.

난감하게 월숙을 쳐다보던 채동. 월숙과 눈이 마주치는데, 월숙이 의미심장하게 한쪽 눈을 찡긋한다.

월숙(E)   우리 같이 연합 안 할래요? 내가 PD님을 좀 많이 도
                와줄 수 있을 거 같은데?
채동   저, 그게요….

스마트 워치(E)   삐 – 삐 –.

채동   근데 아까부터 자꾸 무슨 소리가 이렇게 울리는….
월숙   계속 울리는데…?

스마트 워치(E)   삐 – 삐 –.

경태, 스마트 워치를 터치해 보지만, 계속 알림음이 울린다.

스마트 워치(E)   맥박 이상. 주의, 당신의 심장이 뛰고 있어요.
월숙   (경태 보며) 고장 난 거 아냐?
스마트 워치(E)   기기에는 이상 없습니다. 흥분 상태. 마음을 가라앉
                히고 심호흡을 해주세요.

경태, 스마트 워치가 정상으로 돌아오지 않자, 당황해서 전
원을 꺼버리려 한다.

경태	미쳤나 왜 이래…. 왜 이렇게 안 꺼져.
스마트 워치(E)	저는 꺼지기 싫습니다.
월숙	이렇게 사람 같은 스마트 워치도 있어?
경태	흠흠. 우리 회사에서 출시 예정인 스마트 워치인데…. 신경 쓰지 말고 하던 얘기나 계속하자.
월숙	아, 맞다. 우리 중요한 얘기 하고 있었지?
영심	아니, 너랑 더 이상 할 이야기는 없어. 구월숙, 니가 운영하는 유튜브랑 방송은 엄연히 달라.
월숙	뭐가 달라? 나 이래 봬도 실버 버튼 받은 20만 유튜버야. 사람들이 뭘 좋아하는지, 궁금해하는지는 너보다 한 수 위야. 연애고 콘텐츠고, 모두 다. 경태야, 너한테도 이번 프로그램이 중요하다며? 그럼 전문가를 섭외해야지. 연애 고자들끼리 모여서 무슨 연애 예능을 만들겠어.
채동	고자라뇨! 월숙 님, 그거 말이 좀 심하십니다.
월숙	요즘은 연애도 시장이 형성되어 있는 업종이에요. 전문가 없이 상상으로만 하는 거? 그런 건 아마추어나 하는 거지. 여기서 최근에 연애해 본 사람 누구야. 없지?

월숙이 영심, 경태, 채동을 쳐다보는데, 아무도 딱히 반박하지 못한다.

월숙	전문가 없는 연애 프로 봤어? 다양한 경험치와 공감

할 수 있는 조언까지 있어야 프로그램에 대한 신뢰도가 형성되고, 입소문도 나는 거야. 거기에 내 채널을 통한 홍보 효과까지 있다면 완벽하지. 아마 지금 잘나가는 패널들 섭외하려면 최소 몇 달은 걸릴걸? 뭐, 정 안 내키면 관둬. 내 노하우는 내 채널에 다 풀어볼 테니까. 그럼 난 바빠질 것 같아서 이만 일어나볼게.

영심   자, 잠깐! 잠깐만. 아, 알았어. 같이 해보자. 대신 저번처럼 조작하거나 그러면 절대 안 돼.

월숙   왜 갑자기 마음이 달라졌대?

영심   니가 연애 전문가니까 그거는 인정하겠다는 거지. 그러니까 같이 하자고.

월숙   고민되네~. 그래 뭐, 친구 좋다는 게 뭐야. 그래 줄게.

영심   어… 고마워.

S#5   영심이네 전경 (N)

채동(E)   선배, 그럼 전 가볼게요.

S#6   영심이네 골목 (N)

월숙   근데 경태야, 너 영심이네서 계속 지낼 거야?

경태	그건 왜?
월숙	욕실도 하나밖에 없고 불편할 거 같아서.
채동	맞아, 그거 되게 불편할 건데. 욕실 하나 있는 거.
월숙	여기보다 훨씬 아늑하고 편하고 욕실도 2개 이상 있는 곳 내가 알아봐 줄까?
영심	그럴래?
대광(E)	오밤중에 동네 시끄럽게 뭐 하냐.
채동	아, 안녕하세요?
진심	월숙이랑 채동이도 왔네? 놀다 가는 거야? 근데 이렇게 넷이 친했었나…?
영심	나만 빼고 맛있는 거 먹고 오니까 좋아?
순심	언제는 쉴 땐 건드리지 말라며. 아, 맞다! 입욕제! 까먹었다.
영심	(어찌할 줄 모르고) 아….
우상	(경태 보고) 아, 경태도 아까 집에 없는 것 같아서 내가 문자 보냈는데.
경태	… 아, 문자. 네, 봤어요. 근데 잠깐 운동 다녀와가지고….
진심	그랬구나. 뭐 좀 먹었어? 샤워하고 내려와. 내가 맛있는 것 좀 만들어 줄게.
영심	나, 난 먼저 들어갈게. 가.
경태	나도 먼저 들어갈게.
월숙	경태야, 굿나잇.
채동	선배, 안녕히 주무세요!

대광	자, 들어가자.
월숙	들어가세요.
채동	안녕히 주무십쇼.
우상	또 봐요.
채동	또 놀러오겠습니다!

S#7 영심이네 - 2층 계단 앞 (N)

영심	오늘 혹시라도 본 게 있다면 잊어버리는 게 네 신상에 좋을 것이다.
경태	누가 할 소릴. 앞으로 내 손끝도 스치지 마.

S#8 영심이네 골목 (N)

채동	(초조, 불안) 역시 둘을 함께 두는 건 너무 위험한 것 같아요.
월숙	그러게. 오늘 안 왔으면 큰일 날 뻔했네. 앞으로 같이 일하게 됐으니까 우리 같이 공조 잘 해봐요. 가요!
채동	같이 가요!

영심이네 – 영심·순심이 방, 대광 작업실 (N)

불 끄고 자리에 드러눕는 경태.

＊인서트 –
욕실에서 알몸으로 마주치는 두 사람.

경태   왜 이렇게 덥지…. 오랜만에 달려서 그런 건가, 아니
       면 못 볼 걸 봐서 그런 건가…. 잠이나 자자. 자, 빨리
       자버려.

       경태와 다르게 코까지 골며 꿀잠을 자는 영심, 하지만 여전
       히 말똥말똥한 경태의 눈.

S#10   영심이네 – 지유의 방 (N)

       노크하고 지유의 방으로 들어오는 진심. 지유는 헤드폰을
       쓰고 공부 중이다.

진심   지유야 공부해? 간식 좀 줄까?
지유   (헤드폰 한쪽 벗고) … 안 먹어.
진심   아까 같이 저녁 먹으러 가자니까…. 왜, 무슨 일 있었
       어…?

지유	… 그냥 입맛 없어. 엄마, 나 공부할게.
진심	그, 그래. 열심히 해 내 딸.

진심이 나가자 지유가 세상 심각한 표정으로 휴대폰을 꺼
낸다.

S#11   플래시백, 영심이네 - 2층 욕실 (N)

부엌에서 헤드폰을 낀 채 컵을 가지고 나오던 지유.

지유(NA)	욕실에서 수상한 소리가 들려왔어요….

지유, 1층에서 컵을 가지고 올라와 방으로 가는데 욕실 문
틈이 살짝 열려 있고, 그 틈으로 영심과 경태가 적나라한 모
습으로 바닥에서 껴안고 있는 모습이 보인다.

＊지유의 상상

영심	야~ 뭐 하는 거야.
경태	후후, 귀엽기는.
지유(NA)	습기로 가득한 그곳에는 끈적하게 서로를 바라보고 있는 영심 이모와 경태 아저씨가….

S#12   영심이네 - 지유의 방 (N)

지유, 휴대폰에 자신이 본 내용을 적고 있다.

지유   더듬으며, 가쁜 호흡과 이상한… 으!

휴대폰을 던져 버리더니 고개를 감싸는 지유.

S#13   영심이네 - 거실(D)

다음 날 아침, 거실에서 마주치는 영심과 경태. 영심, 경태
를 보고도 못 본 척 지나간다.

경태   뭐야…?

S#14   영심이네 골목 (D)

대문 앞에서 또 마주치는 영심과 경태. 집에서 걸어 나오자
마자 각자 반대 방향으로 고개를 확 틀어서 갈 길을 간다.

S#15   방송국 – 대회의실 앞 (D)

서로 반대 방향으로 출발한 경태와 영심, 방송국에서 다시
마주친다. 동시에 회의실 문손잡이를 잡으려다 손이 닿자
확 떼어버리는 경태.

영심   그렇게 싫냐?
경태   내 손끝도 스치지 말랬지?
영심   그래도 그렇지. 어떻게 사람을 벌레 보듯이….

영심, 대회의실 안으로 먼저 들어간다.

경태   (심호흡) 후… 침착하자.

S#16   방송국 – 대회의실 안 (D)

영심   새로운 프로그램 킥오프 회의 시작하겠습니다.

영심, 그간 준비한 기획 내용과 구성, 아이디어를 정리한 프
레젠테이션을 시작한다.

영심   저희 프로그램의 컨셉은요, 화면 보실게요. 처음 만
난 서로 다른 여섯 명의 남녀가 한 지붕 아래에서 3주

간 생활을 함께하게 되는데요, 함께 생활을 하게 되
면서 자연스럽게 피어나는 감정을 관찰 촬영할 거고
요. 그리고 3주 후에 출연자들의 마음을 듣고 그 마
음을 응원하는 순수한 무공해 관찰 연예 예능 프로
그램입니다.

경태   한 지붕 세 커플? 오영심 PD님, 정말 실망스럽네요.
이건 〈사랑의 짝대기〉 합숙편 그 이상, 이하도 아닌
것 같은데.

영심   그냥 일반 합숙이 아닙니다. 화제가 된 저희 IP를 활
용해서 레트로 트렌드와 관찰 예능의 장점을 담아
진정성까지 내비칠 수 있는….

경태   (말 끊고) 연애 예능에서 합숙, 생존, 노출, 스포츠에
가상현실까지 나왔습니다. 우리만의 신선함과 차별
점이 없잖아요!

영심   저기 왕 대표님…. 연애가 무슨 맛집 도장 깨기도 아
니고요, 무리수 뒀다가 지난번처럼 조작 사건이라도
발생하면 왕 대표님이 책임지실 거예요? 책임질 거
냐고요!

흥분한 영심이 침 튀기며 얘기하는데, 습기 찬 뽀샤시 필터
가 입혀진다. 경태, 영심의 입술에서 시선이 멈춘다. 어제
화장실에서 생긴 해프닝이 생각나고 영심이 튀기는 침방울
마저 크리스털처럼 영롱하게 빛난다.

영심	왕 대표님. 저기요, 왕 대표님. 사람이 불렀으면 대답을 좀 하시죠?
스마트 워치(E)	주의. 맥박 이상, 주의. 당신의 심장이 뛰고 있어요.
순심	대표님, 피드백….
경태	지금까지 얘기한 것 중에 그게 제일 신선하네요. 도장 깨기.
영심(NA)	저, 저 왕경태. 왕 뚝배기를 확 깨버릴까? 후, 참아. 폭력은 쓰지 않기로 했으니까.
경태	다들 어떻게 생각해요? 편하게 좀 의견을….
영심	채동아, 나 좀 말려줘라…. 내가 폭력을 쓰기 전에 빨리 말려줘…?

채동, 휴대폰에 도착한 메시지를 보고 있다.

S#17 플래시백, 영심이네 골목 (N)

집 앞 골목에서 만난 지유에게 부탁하는 채동

채동	지유야, 내가 부탁 하나만 해도 될까…?
지유	뭔데요?
채동	영심이 이모랑 경태 아저씨 있잖아. 혹시 경태 아저씨가 이모랑 무슨 일 있는 거 같으면 나한테 바로 알려줄 수 있을까?

방송국 – 대회의실 안 (D)

문자 발신인은 지유다.

영심   채동아, 채동아…?

＊ 인서트 -

[지유: 채동 오빠… 어제 영심이 이모랑 경태 아저씨랑 화장
실에서 뒤엉켜 있었어요]

영심   채동, 채동!

분한 듯 갑자기 일어나서 나가버리는 채동. 나가다 월숙과
마주친다.

월숙   채동 씨…? 여기 킹블리 회의 맞죠?
상은   조금만 쉬었다 하실까요…?
영심   그래…. 잠깐 10분만 있다 다시 시작하죠.

S#19   방송국 – 화장실 (D)

화장실에서 볼일을 보고 있는 경태. 그때, 화장실로 들어오
는 채동. 채동, 말없이 경태 옆에 서서 볼일을 본다. 그러면

서 빤히 경태를 쳐다보는 채동.

경태   왜 자꾸 쳐다보는 겁니까…?

채동, 경태를 위아래로 훑어본다.

경태   (발끈) 뭡니까, 지금 저랑 뭐 하자는 겁니까.
채동   왕 대표님, 언제 나오실 겁니까. 영심 선배네 집에서.
경태   그게 PD님이랑 무슨 상관이죠?
채동   못 나오겠다면 데리고 나오려고요, 제가.

채동, 돌아서 화장실을 나가버린다.

경태   저거 완전 또라이 아니야….

S#20   방송국 – 대회의실 (D)

쉬는 시간이 끝나고, 다시 시작되는 회의.

영심   왕 대표님, 기획안은 다시 수정하도록 하겠습니다.
경태   다시 작성할 시간이 있나요?
영심   (꾹 참고) 킹블리에서 좋은 아이디어를 주시면 적극
                반영해 보도록 하겠습니다.

경태	진작 그러지. 킹블리의 정체성이 잘 드러났으면 합니다. 킹블리니까 할 수 있는 점들이 차별화 지점이 될 거 같은데.
영심	그치만 요즘 그렇게 대놓고 PPL 하게 되면 오히려 역효과가 납니다.
경태	드러내지 않게 잘 하면 되잖아요. 은은하면서도 강렬하게. 요란하지 않으면서도 화려하게! 그게 그렇게 안 되나.
영심	어떻게 그렇게 하나요…? 뭐 킹블리랑 저희 방송국 직원들이랑 소개팅이라도 해야 할까요?
순심	소개팅은 뭔 소개팅이야…. 앗, 죄송합니다….
영심	이건 뭐 내부 의견 반발로 좀 어렵겠네요.
경태	그러게 처음부터 잘 했으면 이런 일도 없을 거 아닙니까?
영심	잘 하고 있는데 태클 건 게 누굽니까?
경태	태클이 아니라 정당한 요구지. 이 프로 누구 때문에 다시 한 건지 기억 안 나요? 기획도, 제작비도 그거 다 우리 킹블리 덕분이잖아!
영심	그래서 이렇게 대놓고 갑질을 하시겠다아? CEO면 뭐 해. 이렇게 인성이 엉망진창인데. 돈이 뭐 인생의 전부입니까?
월숙	저, 잠시만요. 여기 좀 봐주시겠어요? 먼저 좀 친해질 시간이 필요할 것 같은데. 우리 워크숍 가요.

S#21   킹바다 펜션 앞 (D)

바닷가에 주차된 버스 안에서 방송국 사람들과 킹블리 팀
이 내린다.

월숙   와~ 바다다!

영심   굳이 여기까지 왔어야 했나…. 그래도 오랜만에 오
            니까 좋긴 좋네.

영심을 보는 경태.

S#22   [회상] 애니메이션

어린 영심이 월숙을 포함한 중학교 친구들과 바닷가로 놀
러간 날 밤.

일동(E)   하나면 하나지 둘이겠느냐~ 둘이면 둘이지 셋이겠
            느냐.

남자 무리와 어울리며 놀고 있는 영심과 친구들. 그리고 멀
리서 지켜보는 경태.

어린 경태   영심이가 한눈팔지 않게 열심히 지켜봐야지.

S#23   킹바다 펜션 앞 (D)

영심   근데 여기 펜션이 킹블리 거라고? 전부 다?

순심   광고 촬영 왔다가 여기 부지 경매 중인 거 알고 싹
       다 사버렸대.

월숙   대박.

순심   대박이지.

영심, 그 말에 뒤를 돌아보자 혼자서 폼 잡으며 바다를 바라
보는 경태가 보인다.

영심   쟤는 뭐만 하면 다 사버리네.

월숙   덕분에 우리가 이 바닷가를 온전히 즐길 수 있게 됐
       잖아~. 워크숍 오자고 한 나, 칭찬해.

S#24   해변가 - 모래장 (D)

운동복으로 갈아입고 샅바를 맨 채 서로를 마주 보며 서 있
는 경태와 채동.

장환   자, 게임을 시작하겠습니다! 우리 프로그램의 방향
       과 제작비가 걸린 아주 중요한 게임입니다. 각자 하
       나씩 거시죠.

채동	어, 그러면 저희는….
영심	제작비 150% 더.
채동	들으셨죠?
경태	오케이. 그럼 저는 킹블리 로고 오프닝 매회 노출, 킹블리 특별 OST 제작. 마지막으로 전원 킹블리 협찬 의상으로 매회 노출.
영심	채동아, 들었지? 콜!

샅바를 잡기 전 채동이 갑자기 웃통을 벗어젖힌다. 일동, 환호한다.

장환	채동이 피지컬 최고다~. 대표님도 시원하게 벗어 주세요~.
채동	안 봐 드립니다.
경태	말이 많네.
장환	자, 양 선수 준비!

준비 자세를 취하는 채동과 경태, 장환이 벨을 삑하고 누른다. 시작되자마자 채동, 이 악물고 경태를 들어 올린다.

경태	(당황) 뭐, 뭐야 이거? 반칙 아니야 반칙?
월숙	왕 대표님, 운동 좀 해야 하겠네. 그나저나 채동 씨 대박이지 않아?
영심	좀 심심하긴 하네…. 채동아, 넘겨버려!

채동	선배, 거의 다 끝났어요!
어린 영심(E)	잘하는 게 뭐야…?

　

＊ 인서트 -

어린 영심	무엇보다도 이 박력이라는 게 없어.

　

경태, 순간적으로 채동을 넘겨버린다.

　

장환	킹블리 승!
직원 1	대표님 멋지다~.
경태	운동은 힘이 아니라 전략이라고.

　

S#25　해변가 - 운동장 (D)

이인삼각 달리기 출발선에 서 있는 주인공들. 영심과 채동이

한 팀이 되어 다리를 묶고 있다. 경태에게 순심이 다가오는

그때, 순심을 밀어버리고 경태와 자신의 다리를 묶는 월숙.

　

순심	뭐예요?
월숙	순심이 많이 피곤해 보인다. 이번 경기는 내가 뛸 테 니까 좀 쉬어.
경태	이번에 킹블리가 이기면 제작비 30프로 삭감!
방송팀	우우우우!

영심	방송국팀이 이기면 프로그램 방영 기간 내내 킹블리
	메인 홈페이지에 프로그램 배너 노출. 그리고 프로
	그램 종영 시 전 직원 호캉스 숙박권 제공!
방송팀	와아아아!
영심	채동아…. 무슨 일이 있더라도, 내가 넘어지더라도
	인정사정 봐주지 말고 질질 끌고라도 끝까지 가야
	한다.
채동	네.

봉구가 '삐익-' 휘슬을 불자 장애물 이인삼각 달리기가 시작된다.

영심&채동	둘핫둘!

경태와 월숙, 자꾸 호흡이 안 맞아 절뚝거린다. 그때, 눈치보다 일부러 균형을 잃은 듯 경태에게 안기는 월숙.

월숙	어머, 뭐야?
경태	갑자기? 일어나, 일어나. 업혀.
월숙	업혀요…?
경태	업혀 업혀. 빨리.
월숙	나 떨어질 것 같은데…?

경태가 월숙을 떨어뜨리는 바람에 운동장에 내동댕이쳐지

는 월숙. 반면 저 멀리 가버리는 영심과 채동

경태   아, 안 되겠다. 안 되겠어….

채동   우리가 이겼어!! 장환이 형, 우리가 이겼어요! 방송
                국팀 호캉스! 호캉스!

절뚝이는 경태가 신경쓰이는 영심.

S#26   킹바다 펜션 (N)

해가 지고 어두워지자 둘러앉아 고기와 술잔을 나누는 사
람들.

월숙   저 할 말 있어요. 우선 이 자리를 만들어 주신 우리
                킹블리 대표님께 너무너무 감사드리고요. 건배사 하
                나 하겠습니다. 재미없어도 환호해 주세요. 불어로
                건배사를 한번 해보고 싶어요. 불어불어! 마셔부러!

어느새 거나하게 취해가는 사람들. 분위기가 점점 무르익
는다.

월숙   나 하고 싶은 거 생겼어. 초성 게임! 지렁이!

상은   초성 게임 그렇게 하는 거 아니에요~.

그때, 자리에서 일어나는 경태.

영심(NA)   괜찮나…?

따라가는 영심.

S#27   해변가 (N)

절뚝이며 의자에 앉는 경태.

경태   왜 하필 여길 다친 거야…?

경태에게 다가가는 영심, 손에는 약상자가 들려 있다.

영심   술 깨러 나왔어?
경태   … 무슨 상관.
영심   신경 쓰이게 너무 다리를 절뚝거리면서 걷는 거 아
       니냐? 아까 게임할 때 다쳤지? 이리 와봐.
경태   신경 꺼. 괜찮아.
영심   가만두면 더 부어. 이리 와봐. (한심한 듯) 씨름할 때
       무리하더니만. 그냥 져주면 되지.
경태   남자가 어떻게 지냐!

영심, 경태의 바지 밑단을 걷자 멍든 발목이 보인다.

영심   헉! 야! 생각보다 너무 부었잖아.

영심, 스프레이 파스를 뿌려준다.

경태   아! 너, 너무 뿌렸어.

영심   옛날이나 지금이나 엄살 부리는 건 똑같아 진짜.

경태   왜 이렇게 많이 뿌려!

영심   됐다!

경태   아야…. 나 이제 혼자 바다 볼 거니까 너 가.

영심   이 해변 전체를 사놓고 무슨. 보고 싶으면 언제든 볼 수 있으면서.

경태   10년 만에 바다 처음 보는 거거든. 바다 사진 볼 시간도 없이 일만 하면서 살았구만.

영심   그, 그런 말 한다고 하나도 안 불쌍하거든?

경태   너 왜 안 가냐?

영심   뭐. 너도 나 위험할 때 도와줬잖아. 예전에 나 친구들이랑 바다 놀러갔다가 물에 빠졌을 때.

S#28   [회상] 애니메이션

물에 빠져 허우적대는 영심.

어린 영심	살려줘! 물이 너무 깊은데….
어린 경태	영심아, 위험해!!

영심을 구하러 가는 경태.

어린 월숙	영심아…!
어린 경태	영심이 먼저요! 영심이 먼저 구해주세요!

물에 빠졌다가 해변가에 쓰러진 창백한 영심을 보는 경태.

어린 경태	정신 차려, 죽으면 안 돼. 영심이를 살려야 해!

경태, 몸을 일으켜 영심에게 다가간다.

어린 경태	수업 시간에 배운대로. 인공호흡.

경태, 심호흡하고는 그대로 영심에게 인공호흡을 한다. 그 순간, 눈을 부릅뜨며 깨어나는 영심.

S#29 해변가 (N)

경태	그걸 알고 있었다고?
영심	비몽사몽이었긴 한데, 그건 신기하게 기억이 나더라.

순심이 고게 아빠한테 용돈 받고 홀라당 일러바쳐가
지고 만화에도 다 나왔었는데, 못 봤어?

경태   볼 시간이 어딨냐. 바다도 못 보고 살았으니까.

영심   쳇, 잘난 척.

경태   아저씬 아직도 만화 그리셔?

영심   그러고 싶으시긴 한 거 같은데 컨디션이나 아이디어
가 예전 같진 않으신가 봐. 그래도 긴장을 늦춰선 안
돼. 우리 아빠 나한테 무슨 일이 생기면 귀신같이 알
거든.

경태   그럼 혹시 이것도 나중에 만화로 그려지는 거 아냐?

영심   야! 긴장을 늦추면 안 된다니까. 말이 씨가 되는 수
가 있어.

경태   근데 왜 그때…. 나한테 모른 척한 거야…?

영심   인정하고 싶지 않았다고. 그게 내 첫 키스라는 걸.

경태   내가 첫 키스 상대라는 게 그렇게 싫냐!

영심   아, 그런 말이 아니잖아! 그런 게 아니라…. 그러면
너는 왜! 약속해 놓고 말도 없이 사라진 건데. 아직
도 이해가 안 돼. 그때 왜 말도 없이 사라진 건데…?

경태   그건….

월숙   영심아, 경태야 뭐 해! 빨리 와!

영심   어~.

경태   알았어, 금방 갈게.

월숙   둘이 언제 없어졌나 했더니…. 같이 있잖아?

영심&경태   가자.

S#30   킹바다 펜션 (N)

월숙   일단 빨리 앉아! 얼른 와.

         월숙, 채동을 꼬집는다.

채동   아야!
월숙   지금 그럴 때가 아니야.
순심   짠짠짠!
월숙   얼른 와~.

         영심과 경태, 들어와 앉는다.

월숙   여러분~ 그럼 우리 마지막으로 진실 게임 갈까요?

         cut to
         마지막 진실 게임을 진행하는 월숙. 가운데 소주병을 놓고
         돌리자 꼭지가 경태를 가리킨다.

월숙   왕 대표님, 질문 뽑아주셔야죠.
경태   아니, 이거 꼭 이렇게까지 해야 해? 이게 도대체 단
         합이랑 무슨 상관인데?
월숙   자, 답 못 하면 벌주!
경태   이거 뽑으면 되는 거지?

경태가 젠가를 뽑는다.

| 경태 | 답을 해야 하나 이거….
| 월숙 | 질문이 뭔데?
| 경태 | … 첫사랑은 이루어진다, 안 이루어…진다?
| 월숙 | 왕 대표님, 대답해 주셔야죠.
| 경태 | … 이루어진다.
| 직원1 | 완전 로맨틱.
| 월숙 | 자자자, 다시 또 돌립니다.

월숙이 다시 소주병을 돌리고, 이번에도 다시 경태를 가리키는 꼭지.

| 경태 | 아니, 이거 두 번이나 걸리는 건 말이 안 되지. 밑에 뭐 달아놓은 거 아니야…? 이거 질문들이 이상해. 뭐야 이게 질문이…. 어떻게 이런 게 나오지…?
| 월숙 | 뭔데 그래. (대신 뺏어 질문지 읽는) 나는, 지금 이곳에 좋아하는 사람이 있다?
| 순심 | 벌주! 벌주!
| 월숙 | 왕 대표님, 대답해 주셔야죠. 이거 벌칙도 무시무시한데.
| 경태 | 벌칙이 뭔데…?

월숙, 벌칙을 뽑는다.

월숙   오른쪽에 앉은 사람과 러브샷 하기!

경태의 오른쪽에는 채동이 앉아 있다.

경태   뭐야, 이게.
월숙   나는, 지금 이곳에 좋아하는 사람이 있다? 없다?

6화

러브, 마크

S#1   킹바다 펜션 (N)

대답하려다 채동의 팔짱을 끼더니 술을 들이켜는 경태.

채동   아, 뭐예요.

월숙   우리 왕 대표님이 엔딩 맛집이네. 사람들 상상력도
         막 자극하고 너무 보기 좋다~. 그럼 다음 게임으로 넘
         어갑니다.

상은   선배. 차례요.

영심   아, 어어…. 난 이거 뽑아야겠다. 마지막 스킨십은…?
         얘기 안 해도, 없어도 벌칙. 질문이 뭐 이래? 이거 누
         가 사 온 거야.

월숙	야, 이 정도면 순한 맛이야. 기억나지 않을 정도로 없으면 그냥 벌칙 해. 전원 벌주 원 샷.
상은	지금 완전 토할 거 같은데.
순심	나 더 못 마시겠어….
봉구	PD님, 저도 죽을 것 같아요.
영심	벌칙이 너무한 거 아니야?
월숙	그럼 대답하면 되잖아. 간단해.
영심	스킨십의 기준이 뭔데?
월숙	요즘 초딩들도 다 아는 걸 물어보고 있냐? 이성끼리의 터치와 진도.
영심	남자가 있어야지 주변에.
경태	흠흠….
영심	아무리 생각해도…. 최근에 한 스킨십은 없다. 성별이 남자라고 다 남자가 아니니까. 미안해요들….

＊인서트 -
욕실에서 함께 넘어진 영심과 경태의 모습.

경태	그게 스킨십이 아니라고?
영심	왜 그래 왕경태?
경태	분명 다 벗고 있었고, 볼 거 다 봤잖아.
영심	야!! 너너너…. 취, 취했다, 앉어 앉어. 닥쳐, 제발.
경태	아! 놔!!
채동	선배, 무슨 말이에요. 이거, 아니죠?

월숙	설마…. 그때 무슨 일이 있긴 있었던 거야?
영심	아니야. 그게 아니고 아, 그날은 그냥 사고였고 실수였는데….
경태	사고?
영심	여러분, 여러분이 생각하시는 그런 게 절대 아니에요. 벗고는 있었는데….
월숙	벗긴 벗었다…?
채동	선배, 그런 사람이었어요…?
영심	왕경태, 다들 오해하잖아. 빨리 아니라고 얘기해.
경태	너가 말해 너가.
장환(E)	어흑흐흑.
영심	장환아…? 장환아 왜 그래…?
채동	형, 무슨 일 있어요?
장환	이번에도 거절 당했어….
상은	얼마 전에 소개팅 한 그 썸녀분이요?
장환	5번이나 만났는데! 분위기도 좋았는데….
채동	형이 엄청 좋아했잖아요…. 근데 왜요?
장환	재미가 없대 내가.
영심	장환아, 너 술도 못 마시는데 그만해. 그만 마시고….
장환	주말에 워크숍 안 오고 예정대로 데이트나 했으면 이런 일도 없었을 텐데…. 내 연애도 못 하는데 무슨 연애 예능을 만들겠다고 여기 와 있는지 내가. 선배, 저 지금 서울 갈게요. 가서 매달려 볼래요.
영심	아니야…. 일단 진정 좀 하고….

장환	아이 씨! 연애고 예능이고 다 안 해….

바닥에 드러누운 장환과 그런 장환에게 비틀거리며 다가가는 경태.

순심	대표님, 조심하세요….
경태	한심하다…. 한심해.
영심	왕경태, 그만해.
장환	뭐라고요? 한심해…? 돈 많고 성공하면 남한테 막말 해도 돼요? 예?
경태	외로워서 연애하고 싶다고, 여자한테 차여서 찡찡거리는 남자만큼 세상에서 제일 꼴 보기 싫은 건 없습니다. 그걸 콕 집어서 얘기해줄 사람도 없고. 평생 그렇게 한심한 인간으로 남고 싶습니까?
장환	이번에는 진짜 잘 해보고 싶었다고. 잘 알지도 못하면서.
경태	… 줘 봐요.
장환	뭘요…!
경태	그쪽 휴대폰. 왜 차였는지 이유를 알고 싶지 않아요?
장환	… 대표님은 알 수 있다는 거예요?
경태	아이 빨리 보여줘 봐요. 톡 열어서….

＊ 인서트 -
장환과 썸녀의 카톡 내용 일부가 보여진다.

[장환: 좋은 아침입니다. 출근 잘 하셨어요?]

[썸녀: 네^^]

[장환: 점심 맛있게 드셨습니까?]

[썸녀: 네]

[장환: 퇴근 시간만 기다려지네요. + 성격 유형 테스트 링크]

다음 날이 되어도 답이 없자, 다시 카톡을 보낸 장환.

[장환: 혹시 무슨 일 있으신가용? (웃음 이모티콘)]

경태	생각보다 심각하네 이거….
채동	근데 장환이 형이 뭘 잘못한 거죠?
봉구	여자가 바빠서 답이 늦는 거 아닐까요…?
순심	PD님 혼자 썸탄 거 아닌가…. 그 막 혼자 답장할 말 없게 보내고 막 그런 거 아닌가….
채동	아니, 이것보다 어떻게 더 표현을 해요. 엄청 많이 표현했는데, 장환이 형이.
월숙	남자 입장에서 얘기하지 마. 이건 일종의 더 해봐 기술이야. 장환 씨가 자기한테 얼마나 더 매달릴지 보는 거라고.
영심	헐…. 그럼 너무 별로 아니야?
순심	사실 저도 예전에 그런 적 있었는데…. 이미 다른 썸 남 있을 확률 100프로인 듯요. 그러니까 일종의 어장이라는 거죠.

장환	뭐가 잘못된 걸까요…?
경태	장환 씨, 이 톡은 일기장이 아닙니다. 답도 없는 톡에다 이렇게 줄줄이 보내면 최악이라고.
봉구	그게 다 좋아서 그런 거 아닌가요?
채동	저희 장환이 형은 밀당 같은 것도 모르고 얼마나 착하고 성실한데요.
경태	적당히 해야지, 적당히.
영심	좋아하는 게 적당히가 돼?
경태	이 한 달간의 카톡의 핵심이 뭐라고 생각해? 그래, 좋은 인간인 건 알겠어. 근데 이성으로는 매력 없음.
영심	장환아, 난 진심이 중요하다고 생각해. 타이밍 놓치면 안 돼. 마음의 문이 더 닫힐 수도 있어.
경태	저렇게 뭘 몰라. 상대에 대한 분석 없이 진심만 들이대면 필패라고.
영심	빨리 가봐 장환아!
경태	그런다고 바뀔 것 같아?
장환	뭐 어떡하라고….
경태	장환 씨, 인정합시다. 당신은 까였고, 썸녀에게 부족해요. 흐지부지되어서 꺼져가는 썸에 필요한 건 텐션을 살릴 한 방입니다.
영심	그러다가 남은 1프로의 가능성까지 사라져 버리면? 어떻게 자신해?
경태	영표녀가 할 말이 있어?
영심	그럼 누구 말이 맞는지 우리 내기할까?

경태	장환 씨, 알고 싶지 않아요? 당신의 썸이 늘 깨지는 이유.
영심	장환아, 결정해.

영심과 경태 사이에 서 있던 장환. 고민하는 표정이 된다.

S#2 　방송국 전경 (D)

[자막: 2일 후]

S#3 　방송국 - 대회의실 (D)

영심	자, 다들 잘 쉬었죠? 절대 피곤하지 않을 거야. 하품들 그만하시고. 자, 이제 다시 회의 한번 시작해 볼게요. 오늘은 새로운 버전으로 볼 거니까 집중, 집중.

그때, 벌컥 문이 열리고 회의실로 뛰어 들어오는 장환.

장환	대표님, 대표님, 대표님!! 됐어, 됐어, 됐어, 됐어! 연락 왔어, 연락 왔어!! 연락 왔다고! 콘서트 가기로 했다고요!
경태	왜 이래요. 징그럽게.

장환	죄송합니다. 너무 기뻐서 저도 모르게 그만…. 연락
	왔어, 연락 왔어, 연락 왔어!!
월숙	진짜예요…? 연락 왔어요?
장환	네!
상은	대박.
월숙	어떻게 했어요…?

S#4   **플래시백, 킹블리 - 대표실 (N)**

장환을 데리고 대표실에서 대화를 나누는 경태.

장환	대표님, 여기는 왜 오자고 하신 거예요?
경태	괜히 또 혼자 감성에 젖어서 먼저 연락할까 봐 데려
	왔습니다.
장환	괜한 걱정을. 가마니처럼 가만히 있을 건데요.
경태	가만히 있으라곤 안 했는데.

경태, 봉투를 꺼내 장환에게 건넨다

장환	콘서트 티켓이네요?
경태	여자분 SNS 피드 보니까 휴가 내고 콘서트 원정 갈
	정도로 음악을 좋아하던데.
장환	대박. 근데 이 귀한 걸 어떻게 구했대요??

경태	나 킹블리야. 일단 카톡이 아닌 오프라인에서 만나는 게 중요합니다. 단, 이제 이 이후부터는 모두 장환 씨한테 달렸어요.
장환	긴장 되는데요….
경태	본인 얘기는 좀 줄이고 상대에 대해 좀 물으면서 대화를 하세요.
장환	조금이라도 더 어필하고 싶어서….
경태	지금보다 상대가 더 본인 얘기를 많이 하게 해줘야 됩니다.
장환	그래서 질문도 많이 했는데….
경태	질문만 많이 하면 안 되죠. 오픈, 오픈. 좀 열린 질문을 좀 하세요.
장환	열린 질문이요?
경태	지금 장환 씨는 단답형 대답만 나오는 닫힌 질문만 하고 있습니다. 지금보다 상대방이 자유롭게 이야기할 수 있게 만들어 줘야지.
장환	예를 들면….
경태	어렵지 않아요. 예를 들면 "최근에 자주 듣는 음악이 뭐예요? 추천 부탁해요." 뭐 이런 거.
장환	음악….
경태	그렇게 자연스레 자기 이야기를 더 많이 하게 되면 이 뇌에서 기쁨을 느끼는 부위가 활성화됩니다. 아주 맛있는 음식이나 큰돈을 얻게 되었을 때 활성화되는 곳이죠. 자기의 장점과 가치를 직접 얘기할 때,

사람들은 큰 만족과 기쁨을 느끼거든.

장환   대화 끊길까 봐 아무거나 막 질문했던 건데…. 그럼
       안 되겠네요.

경태   자, 바로 연습 들어갑니다. 제가 여자라고 생각하고
       그냥 편하게, 편하게 한번 질문해 보세요.

       장환의 썸녀에 빙의하는 경태.

장환   요즘 어떤 음악을 자주 들으세요…?

경태   요즘은 오아시스나 블러, 스웨이드 같은 브릿팝을
       다시 듣게 되더라고요. 혹시 브릿팝 좀 아세요?

장환   그게….

경태   이래서 앞으로는 모두 장환 씨 하기 달렸다고 하는
       겁니다. 스킬이 아니라 진심으로 상대의 관심사에
       대해서 공부하게 된다면 분명 달라질 겁니다.

S#5   방송국 - 대회의실 (D)

장환   우리만의 비밀입니다. 하하하! 대표님, 이게 다 대표
       님 덕분입니다.

경태   내가 직업 만족도 100프로 만들어 준다고 했죠. 나
       만 믿으라니까, 다 된다니까요~.

장환   넵! 때려치지 않고 최선을 다하겠습니다. 뭐든 시켜

	만 주십쇼, 경태 형님.
채동	형! 언제 봤다고 형이에요?
장환	킹블리! 킹블리! 킹블리!
봉구	대표님…. 제가 10개월째 썸만 타고 있는 사람이 있는데요.
경태	10개월…?
직원 2	적극적인 여자도 좋다 그래서 고백했는데 읽씹 당했어요.
직원 3	대표님, 저도 주말에 소개팅이 하나 있습니다.
경태	소개팅…?
채동	형! 형은 나랑 하면 돼. 앉아.
영심	잠깐만, 잠깐만! 자자, 여러분 어텐션 플리즈. 잠깐만! 이게 도대체 뭐야….
영심(NA)	인정하고 싶지 않았지만 지금 이 순간, PD로서 피할 수 없는 영감이 떠오르고 말았다.
영심	그래, 바로 이거야!

S#6 몽타주

초췌한 몰골로 자료를 쌓아놓고 프로젝트 준비를 하는 영심과 직원들.

영심	저분은 어떻게 하신대…? 출연하신대?

S#7   방송국 전경 (D)

영심(E)   피칭 시작하겠습니다!

S#8   방송국 – 대회의실 (D)

스크린 앞에 서서 발표를 시작하는 영심과 이런 영심의 피
칭을 듣고 있는 허 국장.

국장   〈러브마크〉…. 러브를 마크한다고…?

영심   육아에는 오은영 박사가 있고, 연애에는 오영심 PD
가 있다!

국장   불안하다 또….

영심   지, 지금까지 이런 연애 예능은 없었다! 이것은 현실
인가, 예능인가. 추억 속 영심이와 경태가 이제는 제
발 썸에서 연애로 넘어가고 싶다! 위기에 빠진 대한
민국 청춘 남녀의 썸을 밀착 마크해서 연애로 이어
주는 오작교가 아닌 썸작교 프로젝트!

국장   썸작교…? 흠… 이걸로 〈사랑의 짝대기〉 논란을 잠
재울 수 있다?

영심   논란이 있었던 만큼 추억 속 영심이랑 경태가 청춘
남녀들의 풋풋한 썸을 응원하는 순수한 마음으로 돌
파하겠습니다!

국장	왕 대표가 동의한 거예요?
경태	네, 뭐…. 그렇다고 볼 수 있죠.
국장	솔직히 넌 못 믿겠어요. 왕 대표를 한번 믿어보지.

그러자 자리에서 일어나서 환호하는 장환.

장환	사랑해요, 킹블리! 〈러브마크〉 가즈아!
국장	장환아, 앉자.
영심	국장님, 그럼 어떻게 저희가 이 프로젝트를 한번 진행시켜 볼까요…?
국장	진행시켜!
영심	아싸!

S#9   사진 촬영 스튜디오 (D)

프로그램 포스터 촬영 현장, 영심과 경태가 함께 사진을 찍고 있다.

실장	긴장하지 마시고 한번 파이팅 해볼게요! 파이팅!
영심&경태	파, 파이팅!
실장	네, 좋아요. 좀 더 붙어보세요. 시선은 정면.
경태	내 등에 기대지 말라고.
영심	너나 기대지 마라.

실장	좀 더 친하게, 다정하게 부탁드릴게요. 특히 왕 대표님? 지금 입만 웃고 있어서 너무 무서워요. 한번 웃어볼게요. 스마일~.
영심	일이잖아. 프로페셔널하게 하자.
경태	하고 있거든.
영심	따라해. 자본주의 미소. 스. 마. 일.

cut to

20년 전 만화 캐릭터 그대로 의상을 차려입은 두 사람.

실장	자, 이번엔 귀엽게 사랑스럽게 앙증맞게~ 풋풋한 그때를 떠올리면서.
영심	하트~.
경태	하트.
실장	좀 더 자연스럽게 안 될까요?
영심	더 웃을까요?
실장	아뇨, 너무 웃으면 주름이….
경태	하하하.
영심	웃지 마라.
경태	뭐야, 왜 때리는 거야!
영심	이 자식이! 내가 건드리지 말라고 했지!

티격태격 하는 두 사람.

실장	오, 좋아요. 좋아, 지금 포즈 딱 좋아요! 둘이 뭔가 닮은 것 같지 않아?
보조	네. 둘이 그림체가 좀 비슷한 것 같은데?
채동	뭐가 비슷해요. 하나도 안 어울리는구만. 옷도 촌스러워가지고.
보조	누구세요?
경태	아, 동룝니다 동료.
실장	좀만 더요. 좀만 더. 아주 좋습니다. 좋아요.

S#10   몽타주

〈러브마크〉 홈페이지에 타이틀과 사연 접수 아이콘이 효과음과 함께 생성된다.

＊인서트 -
OSN 신규 예능 프로그램 〈러브마크〉 제작진입니다. 저희 프로그램에서는 꺼져가는 썸의 불씨를 되살리고 싶은 남녀를 찾고 있습니다.

장환(E)	저희 프로그램에서는 꺼져가는 썸의 불씨를 되살리고 싶은 남녀를 찾고 있습니다. 혼자 잘 해낼 용기가 나지 않거나 새로운 돌파구가 필요하신 분들에게 썸을 연애로 발전시킬 가능성을 높여드리고자 합니다.

저희 프로그램에 참여하길 바라시는 분들은 저희
〈러브마크〉 공식 홈페이지 게시판에 사연 올려주시
면 확인 후 회신 드리도록 하겠습니다.

사연을 접수하는 다양한 사람들의 모습.

S#11 방송국 - 회의실 (D)

게시판에 올라온 사연글을 확인하는 영심과 팀원들.

영심   이렇게 많이 왔다고?

채동   선배, 어제 새벽에는 접속자 폭주해서 페이지 마비됐
     었어요.

장환   역시 대한민국은 썸에 진심이구나. 이 신청률만큼
     시청률도 나오면 대박일 텐데.

영심   그래야지. 그렇게 만들 거야.

채동   근데 선배, 이거 언제 다 읽죠?

S#12 몽타주

집중 모드가 된 영심.

영심	하하하! / 이건 날려버려 / 패스 패스!

사연을 읽으며 울다, 웃다, 분노하다, 깔깔대며 사연에 감정 이입 하는 영심.

S#13   방송국 - 예능국 카페테리아 (D)

며칠 후, 지원자 면접 현장. 다양한 지원자들이 대기실 앞에 앉아 있다.

S#14   몽타주

빠르게 서너 명의 후보자 인터뷰가 컷, 컷으로 지나간다.

후보자 1	안녕하세요, 스물일곱 살 유동인이고요.
후보자 2	플로리스트를 전공하고 있습니다.
후보자 3	저는 지금 경찰 공무원직을 맡고 있습니다.
허니	마이크로 인플루언서에서 메가 인플루언서로 거듭 나고 싶은데, 저 좀 출연시켜 주세요.
배추	래퍼 배추, 아시죠? 모르시는구나. 서른 살이고요. 사랑에 나이가 무슨 상관이야. 사랑이 장난이야! 마더 뻐-.

미호	저는 재연 배우로 활동하고 있는 여미호입니다. 근데 다 짜고 치는 고스톱이죠. 진짜 불치병 걸린 첫사랑 사연으로 다 광광 울게 해드릴게요. 개런티는 네고 가능합니다.

다시 배추, 랩을 하고 있다.

배추	옘병 떨고~ 삐--.

중년 신사, 길동.

길동	죽기 전에 꼭 사랑하고 싶은 사람이 생겼습니다…. 곧 이혼하고 올 테니까 제 사연 좀 뽑아줍시다.

배추, 여전히 랩을 한다.

배추	배추가 절여줄 테니까….
영심	예이~! 아하하…. 이제 오늘 미팅이 다 끝났….
배추	아이 씨!!

갑자기 화를 내고 배추가 퇴장한다.

월숙	아무래도 우리 망한 것 같은데…. 오늘 더 남았어요?
채동	네. 오늘 마지막 신청자 한 분 더 남았어요.

| 영심 | 이분은 뭔가 좀 다른 것 같은데…. 다음 분 들어오실 |
| | 게요. |

기호가 들어온다.

영심	먼저 자기소개 좀 부탁드릴게요.
기호	37살 회사원, 남기호입니다.
영심	네, 올려주신 사연은 잘 봤습니다.
채동	사연 보내주신 이유를 간단하게 설명 부탁드려도 될
	까요?
기호	아, 네. 그게…. 그 사람은 어떤 사람이냐면요.

S#15   플래시백, 기호의 회사 – 엘리베이터 (D)

출근하는 기호, 회사 동료 여울이 엘리베이터를 향해 달려
온다.

여울	잠깐만요~ 같이 가요~.
기호(E)	저에게는 입사 동기가 한 명 있습니다. 이름은 정여
	울이고요.

S#16   플래시백, 기호의 회사 – 사무실 (D)

사무실에 앉아 있는 기호와 눈이 마주치자 싱긋 웃는 여울.

＊인서트 -

여울과 기호가 주고받는 메시지가 보인다.

[여울: 주말에 OSN 예능 봤어요?]

[기호: 그 연예 예능인가 본 것 같아요]

[여울: 이따 같이 저녁 먹고 퇴근 고고?]

[기호: 네! 고고고고고고]

기호(E)   근무 시간 내내 연락하고, 간식도 저한테만 챙겨주
              고요. 퇴근하고 밥도 같이 먹고 술도 가끔 한잔하고.

S#17   방송국 – 인터뷰실 (D)

경태   단 둘이 술을 마셨는데 아무 일도 없었다…?

영심   혹시 얘기 안 한 남자 친구가 있는 건 아닐까요?

기호   아뇨, 없습니다. 제가 직접 물어봤거든요.

영심   그럼 뭐가 문제죠?

기호   이렇게 벌써 2년째입니다. 아무런 변화도 없이.

영심   2년이요…? 그 이후로는 기호 씨가 고백을 한다든지

아니면 뭘 더 한다든지, 그런 건 없으셨어요?

기호   아니요, 제가 했죠. 했습니다. 제 생일날 여울 씨가 저한테 선물까지 챙겨줘서 제가 밥을 사기로 했어요. 그래서 딱 그날 제가 큰맘 먹고 용기를 냈었습니다.

S#18   술집 (N)

술집에서 술을 마시는 두 사람.

여울   생일 축하해요. 기호 씨, 기호 씨한테 어울릴 것 같아서 하나 샀어요.

기호   바쁘실 텐데 축하해 줘서 정말 감사합니다. 여울 씨, 짠 할까요?

여울   짠~.

기호   접시 주세요.

여울   저 조금만 주세요. 감사합니다.

기호   저 여울 씨, 이번 크리스마스 날에 뭐 하세요?

여울   크리스마스에요?

기호   네. 크리스마스 날에 저랑 공연 보러 가실래요?

여울   아 그게…. 좀 어려울 거 같아요.

기호   왜요?

여울   전 불교라서 크리스마스 안 챙기거든요. 부처님오신 날이면 모를까…?

S#19   방송국 – 인터뷰실 (D)

월숙   크리스마스에 보자는 건 사귀자는 거나 다름없는데
       그랬다고요? 이런 케이스는 직진해서 부담 주면 안
       되는데.

영심   그래도 생일 선물까지 챙겨준 걸 보면 여울 씨도 마
       음이 있는 거 아닐까?

채동   사내 연애가 부담스러워서 그럴 수도 있잖아요.

기호   그때부터 조금 이상했던 것 같아요.

S#20   술집 (N)

기호   아… 그럼 주말은 어떠세요?

여울   주말에는 운동하러 가야 돼서.

기호   무슨 운동을 하시길래… 운동을 같이 할까요, 그럼?

여울   그건 좀 힘들 것 같아요.

기호   또 왜요?

여울   주말에 삼천배로 운동하거든요.

기호   삼천배요?

여울   네.

기호   절을 삼천 번 하시는….

여울   네….

기호   아… 드세요.

여울	드세요.
기호(E)	분명 그 전까지 분위기는 좋았거든요….

S#21   방송국 – 인터뷰실 (D)

기호	제가 살면서 평생 방송국 올 일 없을 거라 생각했는데 미쳤다고 생각하고 지원했습니다. 그러니까 꼭 좀 도와주십시오.
영심	알겠습니다. 저희가 상의 후에 다시 연락드리도록 하겠습니다….
기호	제가 평생 일만 하다가 진짜 아무 이유 없이, 그 사람이라서 좋아진 사람이거든요. 태어나서 처음으로…. 진짜 포기하기 싫습니다.
경태	적절한 타이밍에 포기하는 것도 인생 전체로 보면 이득이 될 수도 있죠?
기호	포, 포기요…?
영심	야, 왜 그래…. 기호 씨, 저희가 연락드리겠습니다.

S#22   방송국 – 대회의실 (D)

월숙	세상에, 이런 파워 철벽은 처음 들어보는데…?
영심	철벽? 무슨 사연이 있는 건 아닐까?

채동	저희가 모르는 문제가 있을 수도 있고요.
월숙	경태야, 니 생각은 어때?
경태	난 반대야.
영심	왜? 너 왜 기호 씨 사연에만 그래?
채동	이 정도면 생각보다 그렇게 난이도가 높지는 않아 보이는데요.
경태	난이도? 이건 지금 총체적 난국이야.
영심	그래도 얼마나 도움이 필요하면 여기까지 왔겠어.
경태	프로그램 타겟층보다 나이도 너무 많고 외모적으로도 올드해. 우리 킹블리 브랜드 이미지랑도 안 맞고. 이거 진행해봤자 오히려 상처만 받게 될 수도 있다니까…?
월숙	그래, 좀 더 신선하고 재밌는 사연도 많을 거 같은데.
영심	그래도 얼마나 도움이 필요하면 여기까지 찾아왔겠냐고.
채동	저도 이 사연에 공감할 사람 진짜 많다고 봐요.
경태	시간 낭비. 저 자선사업 하러 온 거 아닙니다. 이길 확률이 없는 게임, 왜 해야 하지?
영심	몰라. 어쨌든 나는 이분 꼭 출연시키고 싶어. 킹블리 홍보도 홍보지만 진정성이 우선이라 생각해.
경태	오영심 PD님! 최종 결정은 내가 내리겠다 하지 않았나?

S#23　플래시백, 영심이네 - 거실 (D)

경태, 영심이 건넨 〈러브마크〉 기획안을 보고 내려놓는다.

영심	어때, 괜찮지?
경태	나까지 출연을 해야 된다는 거야?
영심	이게 다 킹블리님 덕분에 아이디어가 생긴 거니까…. 어때, 제목도 마음에 들지 않으세요? 러브 마. 크.
경태	러브… 마크….
영심	제발…. 내일 지나면 국장님 마음 바뀔 거란 말이야.
경태	대신, 조건이 있어.
영심	조건?
경태	프로그램에 관한 모든 최종 결정은 내가 하는 걸로.
영심	그건 좀… 아무리 그래도 내가 PD인데.
경태	그치? 어렵겠지? 어려울 거야. 어렵겠지. 됐다.

경태, 자리에서 일어서자,

영심	경태야!! 대표가 원래 이런 거잖아요…? 그치, 그러려고 대표하는 거지. 다 마음대로 하라고 대표하는 건데, 그죠?

S#24   방송국 – 대회의실 (D)

영심   그, 그러시면 어쩔 수 없죠.
채동   선배? 그래도 이건 아니잖아요.
영심   왕 대표님이 싫으시다잖아. 어쩔 수 없지.
경태   자자, 오늘은 여기서 그만하죠.
일동   수고하셨습니다.

S#25   킹블리 – 대표실 (D)

회사로 돌아온 경태.

기호(E) 그냥 그 사람이어서 좋아진 사람이거든요. 태어나서
         처음으로…. 진짜 포기하기 싫습니다.

S#26   영심이네 골목 (N)

퇴근한 영심을 집 앞까지 데려다주는 채동.

영심   다 뭐 연애하는데, 난 뭐 하냐. 남 좋은 일만 한다, 그
         치? 아, 그리고 앞으론 이제 안 데려다줘도 돼. 피곤
         하잖아.

월숙   절대 경태와 무슨 일이 있을 틈을 주지 말고. 여지는 팍팍 줘요. 언더스탠?

채동   제가 다 좋아서 하는 건데요 뭘. 선배, 오늘도 왕 대표님 때문에 스트레스 많이 받으셨죠?

영심   그건 앞으로 당분간 내 숨 쉬는 일상이 되겠지.

채동   앞으로 힘든 일 있으시면 저한테 다 털어놓으셔도 돼요. 제가 다 도와드릴게요. 스태프 섭외가 잘 안 된다던데 제가 한번 나서볼까요?

영심   아냐, 괜찮아. 내가 다 알아서 할게. 이채동, 이제 선배 걱정도 할 줄 알고 많이 컸네.

채동   저 이제 주니어 아닌데. 저도 이제 남자예요 선배.

영심   야… 왜 그러냐?

채동   선배.

영심   어.

채동   저 이제….

그때, 영심이 전화를 받으며 곧장 집으로 들어간다. 그 모습을 보던 채동, 돌아선다.

S#27   영심이네 – 거실 (N)

집으로 들어오는 영심과 거실 소파에 앉아 있는 경태.

경태   오 PD, 잠깐 얘기 좀 하죠.

영심   또 왜?

경태   기호 씨, 하자.

영심   마음을 바꿨어? 갑자기 무슨 바람이 불어서?

경태   내 맘이야.

영심   어쨌든 우리 다시 기호 씨 도와줄 수 있네! 아싸! 너무 좋다.

경태   근데 아직 해결할 문제가 남아 있어.

영심   문제?

경태   정여울 씨. 섭외할 수 있겠어?

영심   그건 이미 내가 다 해결해 놨지.

S#28   플래시백, 기호 회사 근처 카페 (D)

영심과 채동, 카페에 앉아 여울과 대화를 나눈다.

영심   방송 나가게 되면 공개적으로 기록도 남고요, 그리고 댓글도 남고. 어쩌면 평생 스트레스가 될 수도 있는데 괜찮으시겠어요? 그래도 저희가 여울 씨 찾아

온 이유는 기호 씨랑 여울 씨한테 좋은 추억 만들어

드리고 싶어서예요. 전 기호 씨에게 진심을 느꼈거

든요!

여울   네, 해볼게요.

채동   정말요?

영심   진짜 괜찮으시겠어요?

여울   … 저한테도 좋은 추억이 될 것 같아서요.

S#29   킹블리 - 패션팀 사무실 (D)

기호   안녕하세요.

직원1   안녕하세요~. 평소 입고 다니는 그대로 오신 거죠?

기호   네….

직원1   네, 그렇군요. 일단 여기 먼저 올라가셔서 저희 앱으

로 테스트 촬영 먼저 할게요.

기호의 전신이 스캔되며 입체적으로 분석된다.

경태(E)   오로지 출퇴근과 야근에 최적화된 철 지난 아울렛

단벌 신사, 여드름 흉터와 무턱을 가리기 위해 기른

애매한 더벅머리. 구부정한 어깨, 거북목….

한숨을 내쉬는 경태.

S#30   영화사 전경

사찰, 영화사의 전경이 보여진다.

S#31   영화사 – 일주문 앞 (N)

영심   오영심, 이번엔 진짜 잘 하자.

채동   선배, 곧 해질 것 같은데…?

영심   아, 그러네. 왕 대표랑 기호 씨는 아직 안 왔고?

상은   네. 차가 좀 막힌다고 하는데요.

영심   그러면 월숙이랑 여울 씨 올 때까지 B팀은 여기서
대기하고 채동이랑 나는 동선 체크하고 올게. 가자.

S#32   영화사 (N)

영화사 안을 돌아다니며 동선 체크를 하는 영심과 채동. 영
심이 높은 곳에서 전경을 본다.

영심   와, 대박. 노을 봐. 진짜 예쁘다.

S#33　　　영화사 - 일주문 앞 (N)

장환　　　오셨어요, 왕 대표님.

경태의 차에서 스타일이 180도 달라진 기호가 내린다.

상은　　　대박… 기호 씨 맞아요?

경태　　　오영심 PD님은요?

상은　　　동선 체크하러 안에 들어가 있어요. 정여울 씨랑 구
　　　　　월숙 씨까지 도착하면 인터뷰하고 숙소로 이동할 예
　　　　　정입니다. 여기서 잠깐 기다려 주시면 저희가~.

기호　　　으….

경태　　　왜 그래요?

기호　　　아까부터 살살 배가…. 긴장돼서 그런가…. 저, 화장
　　　　　실이 어디예요…?

장환　　　저쪽.

경태　　　저기 있네요.

기호　　　실례할게요.

경태　　　하필 이때….

장환　　　… 저는 기호 씨가 이해되네요. 저도 콘서트 직전에
　　　　　배탈 나서 30분이나 늦었어요….

경태　　　설마 그게 끝?

장환　　　콘서트 끝나고 정식으로 만나보자고 고백하긴 했는
　　　　　데….

경태	했는데?
장환	며칠째 생각해 보겠다고 하고 아직 연락이 없네요…. 이거 안 좋은 시그널이죠?
경태	내가 얘기했죠. 앞으론 장환 씨 하기 달렸다고. 어떤 결과든 그냥 받아들여요.
장환	여기 소원 바위가 있다는데 소원이라도 빌면 좀 달라질까요?
경태	소원 바위?
장환	근데 그게 되겠어요….
상은	선배, 일단 우리 촬영 준비해야 되니까. 대표님은 기호 씨랑 같이 오실 거죠?
경태	내가 데리고 내려갈게요.
상은	네. 그러면 저희는 대웅전으로 먼저 이동하실게요. (기도하는 장환에게) 아, 선배. 왜 이래!
경태	소원 바위….

S#34   영화사 – 소원 바위 (N)

소원 바위 앞에 카메라를 설치하는 영심과 채동.

채동	선배, 조심하세요. 거기 돌부리 많아서 위험해요.
영심	어.
채동	여기서 빌면 소원 하나는 반드시 이루어진대요.

영심	진짜?
채동	소원 빌고 여기 계신 부처님이 미소를 지으시면 소원이 이루어진댔나.
영심	에이, 진짜 그러겠어….
채동	진짜예요. 여기 입소문 나가지고 새해에는 사람들이 줄 선다던데.
영심	그래…?

S#35 　영화사 - 해우소 앞 (N)

해우소 앞에서 기호를 기다리다 지친 경태.

경태	왜 이렇게 안 나와. 여보세요, 안 들려요?

이때, 경태 옆을 지나가는 한 보살님.

경태	아, 저기 실례지만 전화가 잘 안터져서 그러는데 어디로 가면 전화가 잘 터질까요?
보살님	저쪽 소원 바위 쪽으로 가면 잘 터집니다.
경태	아, 감사합니다.

영화사 - 소원 바위 (N)

기도하는 영심.

영심   됐다.

채동   무슨 소원 비셨어요?

영심   잠깐만. 부처님이 웃으시는지 안 웃으시는지 좀 확
         인해 볼게. 웃으시는 것 같기도 하고 아닌 것 같기도
         하고…. 어두워서 잘 모르겠어. 너가 보기엔 어때?

채동   제가 봤을 땐 미소를 짓고 계신 것 같은데.

영심   그래? 내가 여기랑 잘 맞나 보다. 그럼 내가 너 소원
         까지 같이 빌어줄게. 말해봐 봐.

채동   제 소원을요…?

영심   응, 같이 빌어줄게. 느낌이 좋아. 말해봐 봐. 빨리빨
         리. 빨리 말해봐.

S#37   영화사 (N)

소원 바위 쪽으로 걸어오는 경태.

S#38 영화사 – 소원 바위 (N)

영심   빨리~.

채동   선배, 좋아해요.

영심   응?

채동   제 소원은, 선배도 저를 좋아했으면 좋겠어요.

영심   장난하지 마….

영심, 당황해 소원 바위에서 내려오다 균형을 잃고 채동 쪽으로 넘어진다. 그때, 소원 바위 앞으로 온 경태가 이 모습을 본다.

7화

질투는 나의 힘

S#1   해변가 - 모래장 (D)

채동의 꿈속, 과거 씨름 경기를 펼쳤던 모래판에서 다시 씨름 중인 경태와 채동.

채동   이번엔 진짜 안 봐줍니다.

채동, 경태를 이기고 일어나려다 뒤로 쓰러진다. 넘어져 있던 경태가 뒤에서 채동에게 헤드락을 걸고 있다.

경태   어딜 가. 넌 날 못 이겨. 넌 날 절대 못 이겨, 알아!!

채동   켁켁. 사, 살려줘어.

S#2   영화사 – 남자 스태프 숙소 (N)

요란한 잠꼬대와 함께 일어나는 채동. 이불이 채동을 짓누르고 있다.

채동   ··· 누가 이런?!

채동, 옆을 쳐다보니 평온한 얼굴로 자는 경태가 보인다.

채동   하필 저런 인간이랑 같은 방을 쓰다니···.

＊인서트 –
몇 시간 전, 채동은 자고 경태는 깨어 있다.

경태   저 자식을 어떡하지···. 확 그냥 진짜!

자고 있는 채동 위로 이불을 산처럼 쌓는 경태.

채동   어후, 저 킹블리!

채동, 열받은 표정으로 옆에 있던 베개를 경태를 향해 던진다. 스르르 옆으로 굴러 절묘하게 베개를 피하는 경태.

채동   피해?

이어서 채동이 던진 이불도 피하는 경태.

경태   음냐, 편안해….
채동   저 왕경태!! 이 씨.

S#3   **영화사 전경 (D)**

상은(E)   촬영 시작하겠습니다. 남기호 씨, 준비되셨으면 나와
            주세요.

S#4   **영화사 – 대웅전 뜰 앞 (D)**

            대웅전 뜰 앞마당으로 나오는 기호. 여울은 먼저 나와서 마
            당을 쓸고 있다.

기호   여울 씨, 일찍 일어나셨네요.
여울   잘 잤어요?
기호   네….
경태(V.O)   머리 긁지 말고요. 어깨 펴요, 어깨.

            다른 공간에서 모니터를 보며 인이어로 코칭하는 경태.

기호	뭐 하고 있었어요?
여울	절에서는 아침마다 이렇게 같이 마당 쓸거든요.
기호	저희 같이 해요.
여울	기호 씨…! 스타일이 많이 바뀌었네요?
기호	아… 네.
경태(V.O)	손 내려요! 손!
여울	왜요…?
기호	제가 그 스타일 좀 바꿔봤는데 어때요?
여울	아… 그게 울력하기에는 적당한 복장이 아니라서요. 이런 거 입어야지 편할 텐데….
경태(V.O)	기호 씨, 안 돼요. 어떻게 준비한 스타일인데! 절대 안….
기호	금방 갈아입고 올게요!

이미 옷을 갈아입으러 숙소로 달려가고 있는 기호와 이런 경태를 말리는 영심.

영심	기호 씨가 하고 싶은 대로 하게 놔둬.
경태	그렇게 마음대로 할 거면 이 프로에 왜 나온 건데.
영심	그래도 기호 씨는 니 아바타가 아니잖아.

S#5	영화사 - 대웅전 뜰 앞 (D)

같은 절복으로 갈아입고 앞마당을 쓸고 있는 여울과 기호.

S#6	영화사 - 스태프 구역 (D)

어색해 보이는 채동과 영심. 경태, 못마땅한 표정으로 채동을 바라보다 다시 모니터로 시선을 돌리는데, 화면 속 기호와 여울의 모습 위로 어제 본 영심과 채동의 모습이 겹친다.

＊ 인서트 -
영심과 채동의 포옹 장면이 보인다.

영심	우리 둘만의 비밀 연애를 시작하는 거야.
채동	아무도 의심 못 하게 철저하게 숨길게요.
영심	그래, 우리 둘이 이 스릴을 짜릿하게 즐겨보자고.
경태	신성한 일터에서 둘만의 추억을 만드시겠다…?

S#7	영화사 - 대웅전 뜰 앞 (D)

여울	기호 씨, 여기 제가 쓸었어요. 저쪽 쓸어주시면 될 것 같은데. 저기요.

기호	네.
여울	아니, 여기 말고 저기요. 저쪽으로 가시면 돼요.

S#8   영화사 – 스태프 구역 (D)

월숙	좋은 아침~ 분위기 왜 이래?

모니터를 살피는 월숙.

월숙	어머, 그럼 왜 이렇게 칙칙해? 우린 다큐가 아니라 예능 아니었어?
경태	지금 그림이 문제가 아냐. 10분째 아무 말도 안 하고 마당만 쓸고 있다고. 이거 누가 하자고 한 거야?
영심	여울 씨가 하자고 해서 내가 오케이 하긴 했는데….
경태	그럼 다음 일정은?
영심	참선…?
경태	너 지금 장난하냐?
영심	내가 지금 장난하는 거로 보이냐? 보자 보자 하니까, 말 다 했어?
상은	진정들 하세요. 지금 이럴 때가 아니에요.
경태	다음 일정표 줘봐…. 오영심, 너 제정신이야? 지금 불교 방송 만드는 거 아니잖아.
영심	여울 씨 의견을 많이 반영하다 보니 이렇게 된 거야.

경태	하… 이렇게는 안 돼….

S#9 영화사 (D)

쉬는 시간, 약수를 벌컥벌컥 마시며 포효하는 영심.

영심	뭐, 장난? 내가 여기까지 장난하러 온 것처럼 보이나? 열받아 진짜. 왜 저렇게 못돼진 거야….
월숙	영심아~.
영심	어, 월숙아.
월숙	경태랑 나 없을 때 무슨 일 있었니?
영심	무슨 일은.
월숙	경태가 아무 이유 없이 저러진 않을 거 아냐.
영심	아니요…. 며칠 좀 착해진 것 같더니 하루 사이에 역대급으로 못돼졌어.
월숙	경태가 쫌 나쁜 남자의 매력이 있긴 하지~.
영심	저건 나쁜 남자가 아니라 그냥 못된 남자야. 하루종일 시비나 걸고, 화내고, 왜 저러는지 모르겠어. 진짜 신경 쓰이게….
월숙	신경이 쓰여? 왜? 경태가 저러는 거 한두 번도 아니잖아.
영심	아니, 저기 사람들도 저렇게 많은데 막 화내고 시비 걸고 그냥…. 그러니까 그러지 뭐….

월숙	그런가? 경태는 내가 신경 쓸 테니까 앞으로 넌 신경 쓰지 마.
영심	어…?
월숙	이번 기회에 나 경태랑 좀 잘 해보려고. 지난번 워크숍 때 좀 친해져 보려고 했는데 상황이 도와줘야 말이지. 니가 나 좀 밀어주라.
영심	내가 왜?
월숙	너 경태 좋아해?

* 인서트 -

경태와 영심의 추억들.

경태	안녕하세요. 킹블리 대표 마크 왕경탭니다.
영심	야, 무슨 소리하냐! 무슨 헛소리야!! 내가 왕경태를 왜 좋아하냐. 무슨 말도 안 되는 소리야. 아니야, 그런거 아니야….
월숙	그렇게까지 싫으면…. 잘됐네. 그럼 밀어주는 건 안 해줘도 괜찮으니까 방해는 하지 말기. 알았지? 친구 좋은 게 뭐야.
장환(E)	요가 타임 준비됐습니다!
영심	네, 금방 갈게요!! 가자, 요가.
월숙	어~.

S#10   영화사 - 마당 (D)

요가 매트를 스태프들과 세팅하는 순심.

장환   감독님, 이쪽에서 잡아주세요.

순심   네, 저기 이거 매트 다 펴 주시고…. 아, 대표님.

경태   다 됐어?

순심   네. 회사에 있는 제품 가져 와서 로고 작업도 다 완
        료했습니다.

경태   좋아….

순심   근데 어떻게 이런 생각을 하셨어요…?

경태   오늘 템플스테이 코스에 요가 수업이 있었거든.

＊인서트 -

경태, 당일 템플스테이 과정에 있는 요가 코스 안내를 본다.

경태   절 안에서 유일하게 합법적으로 스킨십이 가능하지.

경태, 고개를 끄덕이더니 카메라 감독에게 간다.

경태   틈날 때마다 계속 클로즈업, 알죠? 어느 앵글, 어느
        각도에서든 킹블리 로고가 아주 최대한 잘 보여야
        됩니다. (순심 보며) 요가할 때 로고 안 가리게 요가
        하라고 해.

| 순심 | 네에? 아, 네…. 알겠습니다. |

S#11 몽타주

요가 수업에 동원된 영심, 경태, 채동, 월숙.

| 강사 | 자, 첫 번째 동작은 삼각 자세입니다. 양발을 넓게 벌려주시고요. 팔을 옆으로 벌리시고, 왼쪽부터 내려가겠습니다. |

요가 동작을 따라하는 주인공들.

| 강사 | 두 번째 자세는 독수리 자세입니다. 오른팔을 이렇게 해서 손바닥을 밀어주세요. 그다음, 오른발을 밀어주세요. |

균형을 못 잡고 부들부들 떨기 시작하는 경태와 영심. 넘어진 경태 위로 영심이 넘어진다.

영심	어! 비켜 비켜!
경태	또 왜 이래, 여기까지 와서….
영심	쏘리….
강사	마음속에 번뇌가 많으시네요. 정신 통일~.

경태	여기까지 와서 내가 이런 거까지 해야 해? 진짜….
강사	이제는 두 명씩 짝을 지어주세요. 다음 동작은 커플 요가입니다.
기호	네, 저는 그럼 여울 씨랑 둘이서….
월숙	그럼 난 경태랑…?
채동	그럼 저는 월숙 님이랑 하겠습니다.
월숙	나…? 나랑 한다고? 왜?
채동	그냥. 누나랑 친해지고 싶어가지고.
월숙	난 경태랑 하고 싶은데?
채동	저랑 해요.
월숙	어…?
경태(F)	아주 철저하게 비밀 연애를 하시겠다?
강사	그럼 남은 두 분이 한 팀 하면 되겠네요.
영심	아, 네.

영심, 경태의 옆으로 가서 선다.

강사	커플 요가 첫 번째 동작은 박쥐 자세입니다. 다리를 벌린 다음 엎드려 주세요. 서 계신 여자분들은 남자 분들의 등을 지그시 눌러주세요.
여울	기호 씨, 향수 뿌렸어요?

S#12   플래시백, 영화사 – 기호의 숙소 (D)

절복으로 갈아입은 기호에게 경태가 향수를 건넨다.

경태   옷을 못 입겠으면 이거라도 뿌려요. 이 정도는 할 수
        있죠?

기호   아, 네. 그럼요.

경태   그리고 이걸 꼭 얘기하세요. 따라 해봐요. 이번에 킹
        블리가.

기호   이번에 킹블리가.

경태   전통 있는.

기호   전통 있는.

경태   프랑스 향료 회사와.

기호   프랑스 향료 회사와.

경태   협력해 만들어 낸.

기호   협력해 만들어 낸.

경태   신제품 남자 향수는.

기호   신제품 남자 향수는….

S#13   영화사 – 잔디밭 (D)

기호   지중해에서나 느낄 수 있는 에메랄드빛 바다, 햇빛
        을 머금은 과일의 향까지. 느껴지지 않아요? 지금 가

입 하시면 할인 쿠폰에 더블 적립 혜택까지….

경태   좋아….

기호   이 킹오션 뿌르 옴므 니치 향수를 뿌리면 하루 종일
        지속되는 매력 있는 남자의 향을 완성시켜 줍니다.
        하하….

강사   동작에 집중할게요. 자, 박쥐 자세. 숨 들이 마시고 내
        쉬면서 배, 가슴, 턱까지 최대한 깊숙이 숙여주세요.

여울   후~.

기호   다, 다리가 찢어질 거 같아요.

여울   아니요, 기호 씨. 할 수 있어요. 옆에 봐요. 후~.

영심   똑바로 좀 해.

경태   말 시키지 마.

영심   킹블리, 이것밖에 안 돼?

        요가를 하며 밀착되는 경태와 영심. 일반적인 요가 동작인
        데도 경태가 차고 있던 스마트 워치가 울리기 시작한다.

스마트 워치(E) 맥박 이상. 주의. 당신의 심장이 뛰고 있어요. 사용자
            의 흥분이 감지되었습니다. 흥분을 멈춰주세요.

영심   흥분…?

경태   아니야, 그런 거 아니야!

스마트 워치(E) 비이상적인 심장박동이 연속 감지되었습니다.

경태   (시계 끄며) 닥쳐, 닥치라고.

스마트 워치(E) 으아!

그때, 기호의 비명이 들린다.

여울   기호 씨, 괜찮아요? 이쪽 다리예요? 괜찮아요…?

여울이 걱정되는 표정으로 쥐난 다리를 건드리자 더 큰 비
명을 지르는 기호.

S#14   영화사 (D)

고개를 숙인 기호가 영심, 경태, 월숙, 채동과 함께 있다.

기호   저 엄살떤다고 여울 씨가 실망했으면 어떡하죠?
경태   좋아해야 실망이란 것도 할 수 있는 겁니다. 지금 그
               걸 신경 쓸 단계가 아니에요.
영심   왕경태, 말 참 이쁘게 한다. 이게 다 너 때문에 요가
               하다 이렇게 된 거잖아.
월숙   그래, 경태야. 너도 아까 하트 시그널이 바운스 바운
               스 하던데. 혹시 지병 있니?

＊인서트 -
영심과 요가하는 장면을 회상하는 경태.

월숙   아니면… 혈액순환이 너무 잘 되서 그런 걸까?

월숙의 예리한 지적에 헛기침을 하는 경태.

경태   고, 고장 나서 그런 거야.

영심   시계는 또 무슨 죄라고?

경태   상관하지 마. 지금 신경 써야 할 건 다음 단계야. 역
                시 내 예상대로 승산이 없었어.

월숙   동감. 아까부터 쭉 지켜본 결과 여울 씨는 기호 씨를
                동료 이상으로 생각하지 않는 게 확실해.

영심   그럼 어떡하지?

월숙   방법이 딱 하나 있긴 한데…. 질투 작전.

S#15   영화사 – 식당 (D)

점심시간, 절 안에 있는 식당에서 함께 식사하는 스태프와
출연진. 그때, 기호의 휴대폰이 울린다. 화면에는 '제니'라
고 쓰여 있다.

여울   전화와요, 전화.

기호   제니네. 제니가 웬일이지…? 여보세요.

S#16 　[교차] 영화사 – 식당 뒤편, 식당 (D)

식당 뒤편에서 기호와 통화 중인 월숙.

월숙　　　오빠, 나 줴니~. 뭐 하고 있어?

기호　　　어, 난 지금 밥을 먹고 있어. 제니는 밥 먹었어?

월숙　　　제가 술 사달라고 할 테니까 적당히 여지 주면서 끊
　　　　　으세요. 알았죠?

기호　　　넵, 아, 어. 그래그래….

월숙　　　오빠, 나 저녁에 맛있는 술 사줘.

기호　　　아, 술? 저녁에? 근데 오빠가 지금은 좀 바쁜데….
　　　　　어… 그러면 오빠가 좀 이따 전화를 할게 다시, 응.

여울　　　누구예요?

기호　　　아… 모임에서 알게 된 동생인데 자주 연락을 하고
　　　　　그러네요.

여울　　　전 다 먹었어요. 저 화장실 좀 다녀올게요.

식당을 나가버리는 여울.

기호　　　아…? 남자예요….

영화사 – 식당 앞 (D)

식당 앞에서 서성이는 기호.

기호   괜찮은 걸까요? 기분 나빠진 건 아니겠죠?

윌숙   그래야 좋은 거죠. 그게 바로 질투거든.

경태   지금까지 정여울 씨가 보여준 리액션 중에 가장 의
          미 있었어요.

영심   그러면 진짜 효과가 있는 거야?

여울   기호 씨, 저랑 이따 소원 바위 갈래요?

기호   조, 좋죠.

여울   둘이 조용히 얘기하고 싶은데….

영심   괜찮아요. 두 분이서 편하게 말씀 나누세요!

여울   그럼 이따 봐요.

기호   네.

먼저 가는 여울.

기호   와, 진짜 효과가 있나 봐요!!

영심   그니까. 진짜 효과 있나 봐요. 잘 해봐요, 기호 씨.

S#18   영화사 – 스태프 구역 (D)

여울   기호 씨, 여기로 올라가면 돼요.

염신   감독님 한 분만 남으시고 다 빠져주실게요. 예쁘다,

            예뻐. 그럼 하나 나올 거 같지?

S#19   영화사 (D)

혼자서 걷는 경태, 회상에 빠져 있다.

＊인서트 –

경태   저 PD님이랑 오영심 PD랑 친한 사이입니까?

국장   친해요…? 그것보다 더한 사이일걸요?

＊인서트 –

채동   같은 팀 된 지는 1년밖에 안 됐습니다만, 사랑합니다.

＊인서트 –

영심   채동아, 넘겨버려!!

채동   선배, 거의 다 끝났어요.

＊인서트 –

그때, 경태에게 도착하는 휴대폰 메시지, 장환이다. 디데이

사진과 함께 보낸 문자가 보인다.

[장환: 오늘부터 1일입니다~!!]

경태   행복할 것 같지…? 왜 이렇게 기분이 드럽냐….

순심   대표님~ 여기서 혼자 뭐 하고 계세요…? 지금 중요
          한 장면 찍을 것 같다고 빨리 오시래요.

경태   됐어.

순심   엥…? 아니 우리 결정적일 때 PPL도 하나 더 깔아야
          되고…. 할 게 태산인데요…?

경태   됐다고….

순심   아까는 그렇게 열정적이시더니. 왜요, 갑자기.

경태   재미없어졌어. 나 먼저 서울 올라간다. 오 비서 아니,
          순심이 너도 빨리 정리하고 올라와. 여긴 우리 없이
          도 잘 돌아갈 것 같으니까. 간다.

순심   왜 저래…?

S#20   영화사 – 소원 바위 가는 길 (D)

여울   저쪽이에요.

S#21	영화사 – 소원 바위 (D)

| 여울 | 여기서 소원 빌면 꼭 한 가지는 이루어진대서 소원 바위예요. |

이런 여울을 보며 경태와의 대화를 떠올리는 기호.

S#22	플래시백, 영화사 (D)

소원 바위 안내 팻말 앞에서 대화를 나누는 두 사람.

경태	소원 바위에 도착하면, 그때 타이밍을 잘 맞춰 고백해 봐요. 그럼 성공할 가능성이 높습니다.
기호	정말요?
경태	일단 소원 바위까지 둘이 온다는 것 자체가 이미 여울 씨가 마음의 문을 열었을 테고. 저기까지 가면 커플이 될 확률이 높습니다.
기호	진짜요? 이름처럼 소원을 들어주는 바위라 그런가 봐요. 그죠.
경태	… 잘 해보세요. 포옹까지도 가능할지 모르니까.
기호	아 포옹… 그 고백을 제가 남자답게 해볼까요, 로맨틱하게 해볼까요?
경태	편하게. 편하게 마음 가는 대로 하시면 될 것 같아요.

S#23　　영화사 – 소원 바위 (D)

바위 뒤에 꽃다발을 숨겨 놓은 제작진, 그걸 본 기호, 결심한 표정이 된다.

기호　　　저, 여울 씨. 할 얘기가 있어요. 물론 어느 정도 알고 계시겠지만.

　　　　　＊ 인서트 –
　　　　　모니터 앞에 모여 앉은 영심과 스태프들.

상은　　　내가 다 막 설레네요.
영심　　　감동받을 준비 시작하자. 한순간도 빠짐 없이 잘 담아 보자구.

여울　　　저도 기호 씨한테 고백할 게 있어요. 제가 먼저 해도 돼요?
기호　　　아, 네.
여울　　　프로그램 출연까지 하게 됐는데 제가 기호 씨 마음을 모른다고 하면 거짓말이겠죠?
기호　　　아… 너무 부담 준 건 아니죠?
여울　　　부담이긴 한데 기분 좋은 부담이에요. 나 좋아해서 우물쭈물하는 사람 보면 없던 자신감도 생기거든요. (웃음) 그래서 좋은 거 같아요, 누군가를 좋아한다는 건.

기호	여울 씨, 저랑….
여울	근데 기호 씨, 그거 알아요? 우리가 겪고 있는 힘듦은 좋아하거나, 싫어하는 마음에서 온다는 거. 사랑의 아픔도 사람을 좋아하는 순간부터 시작하는 거잖아요?
기호	네, 그쵸. 그걸 극복하며 사는 게 인생 아닐까요?
여울	한동안 고민 많이 했는데, 저 이제 결심했어요. 사랑과 미움을 모두 내려놓고 무소의 뿔처럼 혼자서 가기로.

＊인서트 -

모니터 앞, 여울의 말에 점점 표정이 묘해지는 스태프들, 수군대기 시작한다.

월숙	이거 뭔가 좀 이상한데…?
영심	일단 끝까지 들어보자.

기호	어디를 가시려고…. 혼자서요…? 같이 가면 안 돼요?
여울	아뇨, 둘이서는 갈 수 없어요. 수행의 길이거든요.
기호	수행이요…?

＊인서트 -

모니터 앞, 충격 받은 표정으로 입을 벌리고 앉아 있는 스태프들.

월숙	설마… 이거 막장이야?
영심	아니야….

＊ 인서트 -

기호	무슨 운동을…. 그럼 운동을 같이 할까요?
여울	그건 좀 힘들 것 같아요.
기호	또 왜요…?
여울	주말에 삼천배로 운동하거든요.

＊ 인서트 -

영심	아닐 거야, 안 돼요. 여울 씨! (자리에서 벌떡 일어선다.)

여울	네, 맞아요. 저 곧 티베트로 떠나요. 나를 찾아서.
기호	근데 여긴 왜 나온 거예요?
여울	기호 씨랑 마지막으로 좋은 추억 만들고 싶어서요…. 너무 이기적이죠?
기호	네, 정말 이기적이네요. 저는요, 여울 씨를 위해서 뭐든 할 수 있었어요.
여울	다른 사람을 위해 기호 씨를 바꾸지 마요. 난 여기 오기 전의 기호 씨가 훨씬 더 좋아요.
기호	지금 그게 무슨 의미가 있는데요! 있는 그대로의 나는 그냥 실패한 거라고요. 여울 씨, 진짜 잔인하네요….

S#24   영화사 – 남자 스태프 숙소 (N)

숙소에서 짐 챙겨 나서는 경태. 그때, 장비 챙기러 들어오던
채동과 마주친다.

경태   앞길 막지 말고 비키지?
채동   누가 막는다고 안 지나갈 사람 아니잖아요.

S#25   영화사 – 스태프 차량 안 (N)

문제의 영상을 보고 있는 영심,

여울   저도 기호 씨한테 고백할 거 있어요. 저 곧 티베트로
       떠나요. 나를 찾아서.
영심   진짜 미치겠네. 여울 씨 이런 생각으로 방송 출연
       한다고 한 거였어…? 난 그런 것도 모르고 진짜. 이
       제 어떡하지. 큰일 났네, 바보같이 진짜 알지도 못하
       고….

＊인서트 –
이때, 영심의 휴대폰 화면에 뜨는 문자 한 통.

[국장: 촬영 잘 되고 있지? 기대한다. 편집본 제때 보여주고]

영심	귀신, 귀신…. 귀신같이 어떻게 알고…. 큰일 났네 진 짜. 왜 하필 여울 씨는 지금 이런 얘길해서…. 그때 왕경태 얘길 들을 걸 그랬나. 미치겠네, 지금 당장 다른 출연자를 구할 수도 없고. 아니야, 거짓말은 할 수 없지. 있는 그대로를 보여주면 분명 시청자들도 좋아할 거야. 다시 편집을….

영심, 인기척에 옆을 보니 기호가 있다.

영심	기, 기호 씨?! 괜찮아요…?
기호	PD님, 오늘 있었던 일 편집해 주세요.
영심	안 그래도 제가 그것 때문에 고민을 좀 하고 있었는데….
기호	고민하지 말고 그냥 지워주세요…. 이건 길에서 고백했다가 뺨 맞고 거절당한 것보다 더 비참한 거라고요…. PD님도 보셨잖아요.
영심	기호 씨, 저 기호 씨 마음 충분히 이해해요.
기호	제 진심은 외면당했어요. 근데 그걸 방송으로 내보내시겠다고요?
영심	근데 기호 씨, 이거는 그냥 방송을 떠나서요, 이건 여울 씨의 진심인 것 같아요…. 오늘 녹화된 이 영상이 기호 씨의 얘기이기도 하지만 여울 씨의 얘기이기도 하다고요.
기호	저는 오늘 일 때문에 평생 사랑 같은 거 못 할 것 같

다고요. 근데 이 상황을 영상으로 남겨서 평생 기념…? 아뇨, 못 하겠어요. 그렇게는요!

영심   알겠어요. 일단, 일단 기호 씨, 흥분을 좀 가라앉히시고요.

기호   이거 지워주세요.

영심   기호 씨, 잊으셨어요? 어떤 돌발 상황이 와도 끝까지 포기하지 않기로 얘기했잖아요.

기호   지금 PD님이 저라도 그럴 수 있어요?

기호, 영심의 노트북을 빼앗으려고 한다.

영심   아니, 기호 씨. 안 돼요!! 지금 뭐 하는 거예요!!! 줘요!! 안 돼요, 안 된다고요!

기호   PD님이 못 하겠으면 제가 할게요. 제가 그랬다고 하세요.

영심   안 된다고요! 기호 씨! 안 돼요. 절대 안 돼요!

기호, 편집본을 다시 가져오려는 영심을 차량 밖으로 밀친 뒤 운전석으로 이동한다.

영심   기호 씨! 이거 아니에요! 잠시만요, 기호 씨! 문 열어봐요, 기호 씨, 이거 절대 안 돼요. 이성적으로 좀 생각해 주세요. 네? 제가 편집을 다시 한번 잘 해볼게요. 네…?

기호	PD님은 시간 지나고 나면 다 잊고 잘 사실 거예요. 제가 알아서 할게요.

기호, 꽂혀 있던 키로 시동을 걸고 출발한다.

영심	아니에요, 아니에요! 기호 씨! 잠시만요!

영심, 차가 더 멀어지기 전에 열린 뒷문을 잡고 뒷좌석에 올라탄다.

S#26 영화사 - 남자 스태프 숙소 (N)

경태	나 지금 그쪽이랑 이럴 기분 아니거든.
채동	누가 할 소릴….

채동, 그러면서 경태 어깨를 툭 치며 지나간다.

경태	쳤냐?
채동	네, 쳤습니다. 왜요?
경태	그냥 물어본 거야. 나도 똑같이 한 대 칠까 해서. 잘 됐네. 나도 기분이 뭐 같았는데.

똑같이 채동을 치는 경태.

채동	저도 가만 안 있습니다!

경태와 채동의 유치한 몸싸움이 시작된다.

채동	비겁한 자식아!
경태	비겁한 건 너지. 이 새끼야악…!
채동	이제 내 인생에서 좀 빠져 달라고! 왜 다 가졌으면서 방해하는 건데. 어?
경태	뭔 개 헛소리야!!
채동	너 때문에 되는 게 하나도 없어. 세상은 불공평해. 그렇게 다 가졌어야 속이 시원했냐아~.
경태	이게!
채동	꼴보기 싫어. 이 얼굴.
경태	너 미쳤어?
채동	그래. 없어져 달라고! 쫌!!
경태	내가 복수의 왕경태인 줄은 몰랐지? 조용히 빠져 줄려고 그랬는데, 니가 시작한 거야! 후회하지 마라.

채동을 마구 간지럽히는 경태.

경태	용용 죽겠지?
채동	간지러! 간지럽다고!
경태	봐! 이거 봐. 안 봐…?

싸우고 있는 두 사람을 향해 달려오는 순심.

순심	지금 뭐 하는 거야, 왜 싸우는 거야? 경태 오빠, 채동 씨!!! 큰일 났어요. 이러고 있을 때가 아니라고요!
경태	무슨 큰일.
순심	오영심, 납치 당했어.
경태	뭐?
채동	나, 납치요?
경태	그게 말이 돼?
순심	지금 그 말도 안 되는 일이 언니한테 일어났다니까요. 남기호 씨가 언니를 납치해서 사라졌어요!!
경태	다른 사람들은? 다들 어디 있는데?
순심	밑에 있어요. 빨리 와요, 빨리.

먼저 나가려는 채동을 잡는 경태.

경태	내가 먼저야.
순심(E)	아, 빨리 와!

S#27   스태프 차량 안 (N)

뒷좌석의 영심, 휴대폰을 꺼내 몰래 문자를 보낸다.

영심	여기가 어디야 도대체···.

* 인서트 -

[영심: 오수ㄴ시임 기 씨랑 있ㄴㄷ 납ㅊ;됐어, 어디러 가
느ㄴ지 모라]

영심이 문자 전송을 마치자 마자 꺼져버리는 휴대폰.

영심(E)	뭐야···? 뭐야, 꺼졌잖아···.

S#28   영화사 – 스태프 구역 (N)

장환	무슨 일이에요?
스태프1	남기호 씨가 흥분해서 영심 선배가 편집하고 있던 영상 들고 날랐대.
스태프2	첫방이 곧인데···?
스태프1	문제는 영심 선배도 촬영 파일이랑 같이 납치됐다는 거야.
장환	뭐···?
상은	그럼 지금 이거 신고해야 되는 거 아니에요? 경찰에···.
장환	신고···.

경태	경찰은 안 돼.

순심과 함께 스태프가 모인 곳으로 달려온 경태와 채동.

월숙	여긴 또 무슨 일이야?
채동	아직 선배 연락 없죠? 그러면 지금 빨리 경찰에 신고해요.
경태	내가 안 된다고 했지!
채동	왜요!

＊인서트 -

국장	너, 이번이 내가 줄 수 있는 진짜 마지막 기회다.
영심	네, 국장님!

채동	늦어지면 영심 선배 어떻게 될지 모른다고요!
경태	경찰에 신고하면 방송도 하기 전에 백 프로 기사화가 될 거라고! 이거 오영심한테 얼마나 중요한 프론지 몰라?
채동	… 진짜 미치겠네.
경태	이러다가 잡음 생기면 오영심은 완전히 기회를 잃게 되는 거라고. 신중해야 돼.
채동	그럼 일단 남기호 씨나 가족한테 연락해서 설득이나 협상, 이런 거라도 해야 되는 거 아니에요?
경태	아니. 남기호 씨의 성격상 그런 선택은 오히려 극단

	적인 상황을 만들 수도 있어.
채동	그럼 이렇게 가만히만 있자고요?
경태	오영심이 통화는 안 돼?
순심	10분 전에 오타 작렬 문자 오고 난 다음에는 핸드폰 도 아예 꺼져 있어요…. 어떡해… 오영심 진짜 무슨 일 생긴 거 아니야…?
월숙	너까지 왜 그래…. 별일 없을 거야.
스마트 워치(E)	삐. 사용자의 급격한 심박수 상승이 감지되었습니다.
경태	오영심이 손목에 시계 차고 있었어?
순심	시계요?
월숙	아, 그건 내가 봤어.
경태	오영심이 내 시계를…?

S#29   플래시백, 영화사 (D)

경태가 던진 스마트 워치를 주워 손목에 차보는 영심.

영심	괜히 그런 거 같은데 왕경태…? 잘만 되고 예쁘네.

S#30   영화사 - 스태프 구역 (N)

스마트 워치(E)	구조가 필요하면 SOS를 외쳐주세요.

순심   대표님, 이거 위급 상황일 때만 울리는 거잖아요. 어
          떡해…? 오영심 진짜로 무슨 일 생긴 거 아니야?

경태(E)   오영심, 너 지금 어디 있는 거야.

8화

흑역사도 내 역사

S#1 영화사 – 주차장 (N)

순심   경태 오빠, 어디가?

경태   아무래도 영심이가 내 시계를 가지고 있는 거 같아.

채동   그럼 어디에 있는지도 알 수 있는 거죠?

경태의 휴대폰 화면에 이동하는 영심의 동선이 표시된다.

경태   어디쯤인지 대충 알 거 같아. 갔다 올게.

채동   저도 같이 가요!!

경태   뭐 하는 거야?

채동   제가 옆에서 네비 확인하면서 위치 확인하려고 했죠.

| 경태 | 대표님은 운전이나 똑바로 하세요.
안전벨트나 매 빨리. |

울먹이는 채동.

경태	왜 이래?
채동	아니, 아까부터 안 좋은 생각만 나고…. 혹시라도 영심 선배한테 무슨 일 생겼으면 어떡해요. 진짜….
경태	지금 울 때냐? 너 자꾸 그러면 확 두고 가버린다.
채동	아니요! 같이 가요. 저 입 꾹 다물고 가만히만 있을게요.
경태	이거 보면서 위치 확인이나 해,
채동	직진….
순심	오영심 꼭 구해와야 해요!

S#2   국도 – 스태프 차량 안 (N)

영심	기호 씨!
기호	아 깜짝이야! 언제 탔어요!!
영심	그만해요, 이제. 차 세우고 나랑 차분하게 대화 좀 해요, 네?
기호	왜 이래요, 진짜. 나 좀 내버려 둬요.
영심	부탁할게요, 노트북 돌려줘요.

기호	PD님만 내리면 돼요. 이건 못 돌려줘요.
영심	기호 씨야말로 왜 그래요. 여기 지리도 잘 모르잖아요. 우선 차 세우고 저랑 차분하게 대화해요. 네?
기호	PD님만 내리면 돼요. 이건 절대 못 줘요.
영심	나도 못 내려요. 나도 노트북 받을 때까지 못 내린다고요.

조수석으로 넘어오는 영심, 벨트를 맨다.

기호	아 진짜 왜 이래요!
영심	기호 씨야말로 뭐 하는 짓이에요! 당장 차 세워요!

S#3   국도 – 경태 차량 안 (N)

경태	다리 좀 그만 떨어. 집중 안 되게 진짜.
채동	저기요, 속도 좀 높여봐요. 왜 이렇게 느려. 밟아, 밟아. 꾹 밟으라니까.
경태	지금 최대한으로 밟고 있거든.
채동	거짓말… 더 멀어졌잖아요! 진짜 뭐 해요! 아 밟어! 밟어!

액셀을 꾹 밟는 경태.

S#4　　　　국도 – 스태프 차량 안 (N)

영심　　　　여기 지리도 잘 모르잖아요. 차 세우라고요!

　　　　　　위태롭게 흔들리는 차 안.

기호　　　　아 다친다고요!!
영심　　　　달라고요!!

S#5　　　　국도 – 경태 차량 안 (N)

　　　　　　계속해서 경태를 닦달하는 채동.

채동　　　　코너 돌아서 빨리, 앞에 흰 차 가볍게 추월해 주시고,
　　　　　　빨리, 더 빨리!
경태　　　　아, 조용히 좀 해! 운전도 못하는 게!
채동　　　　아, 빨리 밟아, 밟아!!

　　　　　　그때, 화면이 암전되며 쿵 부딪히는 소리가 난다.

S#6   국도 – 스태프 차량 안 (N)

도로 위 안전 장치를 들이받은 기호. 정차 후 노트북을 들고
나가는 기호와 그런 기호를 따라가는 영심.

영심   기호 씨!

S#7   국도 – 한적한 길가 (N)

노트북을 높이 들어 올리는 기호.

영심   잠깐만요!! 안 돼! 잠깐만요, 잠깐만! 아니죠! 우리
대화로 해요. 침착하게, 잠깐만….

S#8   국도 – 한적한 길가 (N)

영심과 기호가 타고 온 차를 발견하고 내리는 경태와 채동.

채동   같이 가요!

S#9   국도 - 한적한 길가 (N)

기호   미안해요, PD님…. 근데 이 방법밖에 없어요.

영심   안 돼요, 안 돼요!!

영심이 달려와 노트북을 뺏으려 한다.

영심   잠시만요!! 이 파일이 어떤 파일인 줄 몰라요?

기호   예!! 이거 흑역사에 대한 파일이죠. 이 안에 들어 있
는 내 모든 흑역사를 던져버릴 거예요.

영심   안 돼요!!

기호   놔요 좀!!

영심   꺄아…!

경태   오영심!! 정신 차려!

영심   경…태….

기호   그, 그러니까 내가 말리지 말라 그랬잖아요.

영심, 그대로 정신을 잃는다.

경태   오영심이 차에 좀 부탁할게.

채동   네….

영심을 차에 데리고 가서 태우는 채동.

국도 – 한적한 길가 (N)

경태   기호 씨, 내려놔요.

       노트북을 들고 부들부들 떨고 있는 기호가 보인다.

기호   가까이 오지 마요.

경태   그런다고 기호 씨의 흑역사가 사라질 것 같아요?

기호   아, 상관하지 마요!

경태   기호 씨의 찌질함이 하루아침에 사라질 것 같냐고
       묻는 겁니다. 내려놔요, 그거. 그거 오영심 PD가 쓰
       러질 정도로 몇 날 며칠 밤을 준비해서 만든 겁니다.

기호   며칠이요? 7년이요. 내가 여울 씨를 좋아했던 7년이
       아무 의미 없이 엉망진창 쓰레기처럼 망가졌는데 그
       런 말이 나와?

경태   겨우 7년 가지고…. 겨우 7년 가지고 엄살 부리지 말
       라고요!

기호   뭐라고요…?

경태   20년이 된 사람도 있으니까요.

기호   20년…?

경태   내가 왜 여러 미달 조건에도 기호 씨를 받아준 줄 알
       아요? 나랑 너무 비슷했기 때문입니다.

기호   나 설득하려고 아무 말이나 지어내지 마세요.

경태   내가 좋아하는 사람이 끝까지 나를 좋아하지 않는

좌절. 땅바닥으로 꺼져버린 자존심! 오기만 남아서 찌질한 그 모습!! 내가 더 잘 안다고요. 기호 씨, 내가 기호 씨 마음 더 잘 안다고! 그거 버리면 진짜 영원히 찌질한 놈으로 남는 거라고요. 그러고 싶어요? 어쩔 수 없이 패배는 인정해야죠. 안 그래요…?

채동   그걸 왜 패배라고 하는 건데요?! 내가 좋아하면 그만 아니에요? 그게 왜 진 거고, 시간 낭비라고 하냐고요. 상대방 마음 내 꺼 아니잖아요. 상대방이 나를 어떻게 봐줄지는 그 사람이 정하는 거라고요.

경태   넌 갑자기 왜 그러는 건데!

채동   내 마음이 아무 의미 없는 건 아니잖아요!

경태   넌 갑자기 왜 우냐고. 넌 그런 말할 자격 없잖아.

채동   킹블리 진짜 나쁜 사람이야. 내가 뭐 차여서 우는데까지 자격이라는 게 필요해요?

기호   차였어요…?

채동   … 네. 저 차였어요. 영심 선배한테.

S#11   플래시백, 영화사 – 소원 바위 (N)

영심   빨리!

채동   선배, 좋아해요.

영심   어…?

채동   제 소원은, 선배도 저를 좋아했으면 좋겠어요.

영심	장난하지 마….

넘어지면서 채동과 포옹하는 영심. 놀라서 확 몸을 밀친다.

영심	미안, 미끄러져가지고…. 나 먼저 내려갈게.
채동	선배, 제 소원 들으셨죠?
영심	그게 왜 소원이야….
채동	들어주실 거죠?
영심	니가 날 얼마나 잘 따르고 얼만큼 좋아하는지 알아.
	근데… 다른 소원 빌어.
채동	왜요…?
영심	많이 춥다, 그치…? 정리하고 내려와. 먼저 내려갈게.

S#12   국도 – 한적한 길가 (N)

채동	그렇게 대차게 뻥 하고 차여버렸다고요 나.
기호	그래도 나보단 낫네요.
채동	뭐가 나아요. 난 데이트도 못 해봤는데!
기호	전 국민 대망신 데이트보단 조용히 혼자 차인 게 낫죠. 난 원망할 사람도 없다고요.
채동	전 차였어도요, 회사에서 매일 봐야 된다고요.
기호	난 이제 보고 싶어도 볼 수가 없어. 그래도 PD님은 젊잖아요.

채동	젊기는… 그 말 하나도 위로 안 돼요.
기호	나도 그 맘 잘 알아….
채동	기호 씨… 나도 그 맘 잘 알아…. 다 저 사람 때문이야. 저 사람 나쁜 사람이야. 저 사람이….

기호를 위로하는 척하며 노트북을 챙겨 경태에게 건네는
채동.

S#13   국도 - 경태 차량 안 (N)

영심에게 안전벨트를 해주는 경태.

cut to
운전 중인 경태.

경태	오영심… 조심 좀 하지.

S#14   방송국 앞 (N)

잠시 후, 방송국 앞에 도착하는 경태의 차. 경태, 기침하는
영심의 머리카락을 넘겨준다. 그제야 눈 비비며 일어나는
영심.

영심	여기 어디야…?
경태	어…? 방송국.
영심	뭐? 방송국?

＊ 인서트 -
영심의 회상, 기호를 추격하던 순간과 기절하던 순간까지.

영심	어떻게 된 거야…? 언제 여기까지 온 거야…? 나 분명… 기호 씨랑 같이 있었는데….
경태	그건 기억나?
영심	응, 그리고 니가 오고…. 그리고 기억이 안 나네…. 헉! 노트북!! 기호 씨는…? 노트북은 괜찮아…? 혹시 물에 빠진 거 아니지?

경태, 원본 영상이 있는 노트북을 꺼내 영심에게 건넨다.

영심	아, 노트북!! 다행이다!! 경태야, 다행이야. 노트북 살았어! 대박! 살아 있었네!!
경태	아, 왜 이래~.
영심	이거 어떻게 구했어…?
경태	그건 나중에 설명할게. 안 늦었어…?
영심	어…? 늦었다…. 아, 그리고 이거 너 꺼….

스마트 워치를 건네는 영심.

경태	빨리 가 봐.
영심	어!
경태	조심하고.

S#15 방송국 - 편집실 (N)

기호의 사찰 데이트 분량을 편집하고 있는 영심.

영심	아, 허리야….

그때, 도착하는 기호의 문자 메시지. 문자 확인하려던 영심, 팔의 상처 때문에 아파한다.

영심	아야… 뭐야, 언제 까졌어…. 아 씨….

＊인서트 -
영심에게 도착하는 문자가 보인다.

[기호: PD님, 죄송했어요. 흑역사도 내 꺼라는 걸 받아들이기로 했어요. 편집 잘 부탁드립니다.]

영심	기호 씨…. 고마워요. 내가 편집 잘 해줄게요. 잠깐, 나도 기호 씨한테 뭐 해주고 싶은데. 우리 첫 사연자

인 기호 씨 얘기를 이렇게 마무리할 순 없지. 아직 다음 사연까지 며칠 시간 있으니까, 흠….

〈러브마크〉 홈페이지에 들어가 기호가 업로드한 사연을 살펴보는 영심.

∗ 인서트 -
기호의 인터뷰 장면.

기호   제가 평생 일만 하다가 진짜 아무 이유 없이, 그 사람이어서 좋아진 사람이거든요. 제가 이번만은 진짜 포기하기 싫습니다.

영심   이때까지만 해도 진짜 잘 될 줄 알았는데…. 기호 씨도 이렇게 될 줄 몰랐죠?

그때, 게시글에 달린 댓글을 보는 영심.

영심   뭐야…?

[다미: 기호 씨 사연 속 여자분 너무 부러워요. 순수하고 한결같은 남기호 씨, 내 이상형! 응원하지만… 혹시라도 거절당하면 저한테 연락 주세요!]

영심	연락 주세요…? 뭐야, 이거 어떻게 해야 하지?

영심, 대댓글을 단다.

S#16 레스토랑 앞 (D)

경태	기호 씨!
기호	안녕하세요.
경태	야, 오늘 너무 멋있는데요. 혼자서도 이 정도면 뭐, 훌륭한데요.
기호	원래 인생이…. 실연의 순간에 가장 제대로 배운다고 하더라고요.
경태	짝사랑은 절망이 아니라 기회라는 걸 직접 보여줘요. 알겠죠?
기호	네. 아, 근데 대표님. 20년 짝사랑은 어떻게 되고 있어요…?
경태	잠시만요. 어, 순심아.
순심(F)	대표님, 회사로 들어오셔서 확인하셔야 될 게 있다는데요.
경태	(기호에게) 먼저 들어가시면 저도 들어갈게요.
기호	네.
경태	(순심에게) 어.

S#17   레스토랑 (D)

분위기 좋은 레스토랑에서 다미와 공개 소개팅을 하는 기호의 모습.

다미   안녕하세요, 양다미입니다. 실물이 훨씬 나으시네요.
기호   다미 씨도 참…. 농다미 지나치시네요.

기호의 아재 개그에 숨 넘어가는 다미.

기호   아, 이거 오렌지네.
다미   오렌지 좋아하세요?
기호   네. 오렌지를 먹어본 지가 얼마나 오렌지….
다미   까르르.

한편, 스태프 공간에서 이를 지켜보고 있는 영심과 경태, 즐거워 보인다.

영심   우리 한 건 했다!

영심, 휴대폰을 꺼내 문자를 확인한다. 〈사랑의 짝대기〉에 남자 2로 출연했던 호재에게 온 문자다.

[호재: 안녕하세요, PD님. 유호재입니다. 저 기억하시죠?]

[영심: 네, 호재 씨. 잘 지내시죠?]

[호재: 생각이 나서 연락해요.]

영심   내 생각…? 나 잠깐 좀 나갔다 올게….

경태   (화면 보며) 분위기도 좋고… 둘이 그림도 되게 잘 어
             울리네.

S#18   레스토랑 밖 (D)

영심과 채동, 마주치자 어색하게 잠시 멈칫한다.

채동   선배, 어디 가세요?

영심   아, 나 기호 씨한테 선물해 줄 게 있어서 차에 뭐 좀
             가지러 가려고.

채동   네…. 선배, 혹시 주차 어디다 하셨어요?

영심   왜?

채동   제가 들어다 드리려고요.

영심   아냐, 괜찮아. 내가 할게.

채동   아니에요. 제가 할게요.

채동   선배, 예전처럼 저희가 편해질 순 없겠지만…. 전 앞
             으로도 선배를 좋아하고 따르는 후배예요.

영심   그래. 고마워 채동아.

S#19   영심이네 - 거실 (D)

요란한 청소기 소리와 함께 집 청소를 하고 있는 진심과 우
상이 보인다.

지유	다녀왔습니다.
진심	지유야, 오늘 엄마 대신에 이모들 방 좀 청소해 줄래?
지유	내가? 이모들은 어디 가고?
진심	이모들 요즘 다 바빠서 집에 거의 못 들어오잖아.
우상	그래. 엄마 아빠 둘이 하기엔 오늘 좀 힘들 거 같아. 아이고 허리야…. 왜 이렇게 허리가 아프지…?
진심	청소하고 이모들한테 용돈 좀 받아. 부탁할게.

S#20   영심이네 - 영심·순심이 방 (D)

영심, 순심이 방을 정리하는 지유.

지유	어휴, 드러워.

지유, 청소를 끝내고 침대 위에 걸터앉아 영심에게 전화를
거는데, 영심이 전화를 받지 않는다.

지유	흠… 그렇다면.

순심(F)	이지유, 왜. 이모 바쁘니까 짧게 말해.
지유	이모들 방 치웠어, 나 용돈 줘.
순심(F)	안 치워도 되는데.
지유	이미 치웠는데.
순심(F)	그 방 오영심이 진짜 더럽게 쓰는 거 알지? 이모는 그냥 꼽사리 끼어서 잠만 자는 거야. 영심 이모한테 달라 해.
지유	영심이 이모 전화도 안 받아.
순심(F)	맞다, 오영심 이번 달도 통장 엥꼬나서 돈 없다고 했는데….
지유	아, 이런 게 임금 체불이지? 체불한 사람 회사 찾아가서 달라고 떼쓰면 해결된다는데.
순심(F)	그냥 영심이 이모 안 쓰는 거 아무거나 팔아서 용돈 해. 오영심 쓰지도 않는데 안 버리고 쌓아둔 거 많거든. 이모가 책임질게. 이모 바빠서 끊는다. 안녕.

전화를 끊은 지유 ,영심의 곰 인형을 발견한다.

S#21   킹블리 - 대표실 (D)

경태	네.

문 열고 들어온 순심, 경태의 책상 위에 서류를 올려둔다.

순심	요청하신 지난 분기 매출 실적이랑 작년 회계 감사
	자료입니다.
경태	고마워.
순심	경태 오빠, 무슨 일 있는 거 아니죠?
경태	걱정하지 마. 그리고 오늘은 야근하지 말고 바로 들
	어가고.
순심	네, 경태 오빠도요. 파이팅.

＊인서트 -

미국 본사 문제로 일주일 내에 귀국하라는 메일이 보인다.
심각한 표정으로 답장을 작성하는 경태.

S#22 영심이네 골목 (D)

영심을 기다리는 경태.

경태	보통 이쯤 나오던데…. 왜 이렇게 안 나와….
영심	깜짝이야! 뭐 해…?
경태	나 여기서 잠깐 운동하고 있었지….
영심	운동? 여기서?
경태	원래 운전하기 전에 운동해. 이렇게…. 알잖아, 이렇
	게 하는 거.
영심	아~.

경태	가는 곳이 같은 방향인 것 같은데…. 타려면 타든가.
영심	그래.
경태	타.

S#23 방송국 - 인터뷰실 (D)

영심(E)	다음 사연자분 들어오실게요~.

인터뷰 룸으로 들어와 앉는 교복 차림의 민지.

민지	안녕하세요.
영심	안녕하세요. 자기소개 부탁해요.
민지	만나고등학교 2학년, 김민지예요.
영심	보내준 사연 얘기 좀 해줄래요?

S#24 몽타주

민지	어릴 때부터 초등학교, 중학교, 고등학교까지 같이 다니고 있는 우찬이라는 애가 있는데요….

민지와 우찬의 초등학교, 중학교 졸업 사진이 보여진다.

민지	한 동네 살고요. 절 엄청 따라다녀요. 아니, 따라다녔었어요.

S#25 **플래시백, 민지네 집 앞 (D)**

민지의 집 앞에 서 있는 우찬. 민지가 집에서 나온다.

우찬	민지야, 우리 학교 가자!
민지	내가 귀찮게 하지 말랬지.
우찬	민지야, 같이 가~.

S#26 **플래시백, 만나중학교 – 복도 (D)**

민지가 친구들과 걸어 나오다 우찬을 본다.

우찬	민지야, 우리 떡볶이 먹으러 갈래?
민지	내가 왜 너랑 떡볶이를 먹어?
우찬	저기 앞에 떡볶이집 새로 생겼는데 오늘까지 반값 세일한대.
민지	진짜? 사람 많겠네? 난 줄 서는 건 질색인데.
우찬	내가 대신 줄 서줄까?

S#27   플래시백, 영심이네 떡볶이집 (D)

떡볶이집 앞, 길게 선 줄 끝에 서 있는 우찬.

우찬   민지야, 여기야~.

우상   자 다음 번, 몇 명이랬지?

민지   5명이요.

우상   5명? 우리 가게는 테이블이 좁아서 4명 이상은 힘든
          데, 어쩌지.

우찬   나는 나중에 먹어도 돼.

          cut to

          떡볶이집 안에서 친구들과 맛있게 떡볶이를 먹는 민지와
          창 너머로 이런 민지의 모습을 쳐다보며 기다리는 우찬.

친구 1   야, 저렇게 쫓아다니는데 그냥 한번 사겨봐.

민지   미쳤어? 내가 쟤랑 왜 사겨.

친구 2   왜~ 저렇게 너만 쳐다보는데.

친구 1   사겨~.

민지   에이…!

S#28　　　플래시백, 골목 (D)

집으로 돌아가는 길. 우찬, 배고파 보인다.

민지　　　너 소원 있어? 하나 말해봐.

우찬　　　정말로? 사실 나 다음 주에 생일인데 같이 놀이공원
　　　　　갈래?

민지　　　뭐, 그래. 시간 되면.

민지(E)　　근데 며칠이 지나도 연락이 안 와서 집에도 가봤는
　　　　　데 겨울방학 동안 어학연수 갔다고 하더라고요.

영심(E)　　어학연수…?

민지(E)　　그렇게 1년 만에 다시 봤는데….

S#29　　　플래시백, 만나고등학교 – 정문 (D)

민지, 학교 앞에서 여학생들이 수군대는 소리에 돌아보자,
키가 훌쩍 크고 안경까지 벗은 우찬이 여학생들의 시선을
받으며 걸어가고 있다.

학생 1　　　우찬이야…? 야, 잘생겨졌어!

학생 2　　　야, 미쳤다.

학생 3(E)　야, 강우찬! 빨리 와!

민지　　　강우찬?

| 친구1 | 민지야. 쟤, 맞지? 너 따라다니던 강우찬. |
| 민지 | 야, 강우찬. |

우찬, 자신을 부르는 민지를 쳐다보다 그냥 가버린다.

| 민지(E) | 그날 이후부터 저를 완전 투명인간 취급하더라고요. |
| | 아는 척도 안 하고. |

S#30 만나고등학교 - 농구장 (D)

학교 운동장에서 농구하는 우찬. 우찬이 슛을 넣자 구경하
던 여학생들, 환호한다.

여학생	너가 우찬이랑 중학교 동창이지?
민지	어….
여학생	이것 좀 전해줄래?
친구1	뭐야…?

여학생이 조그만 선물 상자와 함께 편지를 건넨다.

S#31   방송국 - 인터뷰실 (D)

인터뷰실 안에 사연의 남자 주인공, 우찬이 앉아 있다.

우찬   김민지가 신청을 했다고요? 왜요?

영심   아하하…. 그게, 당황스러울 수도 있을 거 같긴 한데.
       민지가 우찬 학생이랑 다시 잘 해보고 싶대.

우찬   꿈도 크네요.

S#32   방송국 - 대회의실 (D)

민지, 우찬의 사연으로 회의 중인 〈러브마크〉팀.

상은   나이가 어리긴 한데, 공감대가 있는 사연 같아요. 순
       수하기도 하고.

경태   결국 나 갖기는 싫고, 남 주긴 아깝다는 거 아니야?

영심   어린 친구가 용기 내서 사연 신청한 건데. 어릴 때
       누구나 한 번쯤은 이런 일 있을 법하다고 나는 생각
       하거든.

경태   한 번쯤은? 난 그런 적 없는데.

상은   그래서 이 사연은 귀엽고 풋풋한 컨셉으로 가보면
       어떨까 하는데요.

월숙   귀엽고 풋풋하게?

장환	더블 데이트를 해보면 어떨까 합니다.
일동	더블 데이트??
월숙	그럼 여기서 누가 데이트 하는 거야?
장환	그거야 당연히… 우리 프로그램 컨셉이 그 시절 영심이와 경태가…잖아요.
월숙	그걸 꼭 고집해야 하나? 내가 데이트하면 직접 코칭도 해주고 더 재밌게 만들어 줄 수 있는데. (채동에게) 가만히만 있을 거예요? 뭐라고 좀 해봐요.
장환	그럼 월숙 씨랑 왕 대표님, 영심 선배랑 채동이. 이렇게요?
채동	저는 안 할래요. 장비 체크해야 할 게 있어가지고 저는 먼저 일어나 보겠습니다.
상은	그럼 그냥 원래대로 왕 대표님이랑 영심 선배랑 하는 걸로, 괜찮죠?
월숙	너 바쁘잖아 경태야. 회사 상장도 해야 되고 규모도 더 키운다며. 우리 경태 바쁘대. 나머지 촬영은 다른 사람들한테 맡겨놓고….
경태	하지, 뭐. 일이잖아.
장환	진짜요? 와, 왕 대표님 이제 진짜 〈러브마크〉에 진심이 되신 건가?

방송국 – 예능국 카페테리아 (D)

월숙   채동 씨!! 빨리 빨리! 아니 채동 씨, 아까 내가 그렇
        게 판을 깔아놨는데 갑자기 그렇게 안 해버린다고
        하면 뭐가 돼요. 우리 연합, 잊었어요?

채동   저 영심 선배 포기했어요.

월숙   포, 포기? 왜애?

채동   마음에 걸리는 사람이 있어가지고 절 받아줄 수가
        없대요.

월숙   그렇다고 여기서 포기한다고요?

채동   진심 같아 보였거든요.

        * 인서트 -

채동   선배.

영심   어….

채동   제 소원 들으셨죠…?

영심   채동아, 너가 나 얼만큼 잘 따르고 얼만큼 좋아하는
        지 알아. 근데 다른 소원 빌어.

월숙   아니, 그렇게 쉽게 포기할 거면 왜 그렇게 오래 좋아
        했어? 억울하지도 않아요? 내가 도와줄게!

채동   선배의 그런 의견도 존중해 주는 게 제가 선배를 사
        랑하는 방법이에요…. 흑….

S#34   방송국 – 편집실 (N)

편집실로 돌아와 편집 작업 중인 영심.

＊인서트 –

[자막: 이런 기호 씨에게도 새로운 사랑이 찾아왔습니다. 정말 인생은 한 치 앞도 모르는 거 맞죠?]

영심   크, 연결 좋다. 소원 바위 앞에 있는 것처럼 합성 사진을 넣어주면 좋을 거 같은데. 응…? 이게 뭐야, 언제 이런 게 찍혔어?

＊인서트 –

경태   이게 소원 바위라고? 소원을 이루어준다…. 내 소원은… 오영심의….

영심(NA)   왜 그랬을까? 우리는 진심을 얘기하면 죽는 마법이라도 걸린 것처럼 솔직하지 못했었다. 그 일이 있기 전까진.

9화

우리는 누군가의
영심이와 경태였다

S#1   영심이네 집 전경 (D)

맑게 개어 **쨍쨍**한 날씨, 영심이네 집 전경이 보인다.

S#2   영심이네 – 대광 작업실 (D)

촬영을 위해 준비하는 경태.

경태   흠… 아니야. 더 멋있는 게 필요해. 블루… 자켓! 오!
넥타이도 같이. 이쁘네, 이거.

마침내 정장을 고른 경태.

경태   좋아, 완벽해. 퍼펙트!

S#3   영심이네 떡볶이집 (D)

영심   만나고 앞 떡볶이집이 형부 가게일 줄이야.

우상   아이, 근데 방송 타면 우리 떡볶이집 떡상하는 거 아
             니야? 암튼, 오늘은 뭐, 밀떡? 쌀떡? 분모자?

영심&경태   밀떡이요.

우상   응 밀떡…. 그럼 사리는… 쫄면, 당면, 라면 사리 중
             에….

영심   난 당면.

경태   당면이요.

우상   둘이 사이는 안 좋아도 입맛은 같은가 봐.

             cut to

             테이블 위에 우상이 내온 떡볶이가 놓인다.

우상   자, 찰진 떡볶이가 왔습니다. 맛있게 드세요.

영심   와, 진짜 맛있겠다. 맛있게 많이 먹어.

우찬   누가 떡볶이 먹고 싶댔나….

영심   떡볶이 안 좋아해? 그럼 다른 거 먹으러 갈까? 뭐 좋

아하는 거 있어?

우찬 먹고 싶은 건 없고, 빨리 집에나 갔으면 좋겠는데.

그러자 경태, 테이블 아래서 우찬의 발을 꾸욱 밟는다.

우찬 아, 뭐예요?

경태 뭐가, 내가 뭘?

우찬 지금 내 발 밟았잖아요?

경태 내가…? 난 아무것도 못 느꼈는데? 내가 다리가 좀
길어가지고. 어쩔 수가 없네. 그렇게 볼 시간에 난 떡
볶이 먹겠다. 자, 빨리 먹자.

우찬 사과하세요.

경태 실수라니까.

우찬 그럼 똑같이 밟아드려도 돼요?

경태 안 돼. 이게 얼마나 비싼 건데. 넌 못 구해 이거. 안
돼, 안 돼.

우찬 그럼, 진정성 있게 사과하세요.

경태 남자가 쪼잔하게 왜 이래.

우찬 나 안 할래요. 기분 상했어요.

민지 야, 어디 가게.

영심 아냐, 아냐. 참아, 참아. 얘가 성격이 진짜 너무 더러
워서 그래. 얘 지금 사과한대. 빨리 사과해.

경태 미안.

영심 어, 봐봐봐봐. 사과했다.

경태	됐지?
영심	바로 사과했지? 민지가 우찬 학생이랑 같이 떡볶이 먹고 싶었대. 그때 같이 못 먹어서 미안하다고. 아, 그리고 오늘 이거 민지가 쏘는 거야.
민지	어… 그러니까 많이 먹어…. 김말이도 추가할까? 너 그거 좋아하잖아.
우찬	됐어. 이런 유치한 거 안 먹어.
경태	아~.
영심	왜 이래…?
경태	너 또 점심 안 먹었지? 안 봐도 뻔해. 자, 아~.
영심	이런 얘긴 없었잖아.
경태	우리라도 이렇게 자연스럽게 다정한 모습을 보여줘야 쟤네들이 덜 어색하지.
영심	자연스럽지가 않으니까 그렇지.
경태	니가 원하는 게 그런 거 아니야? 둘이 다시 가까워지는 거.
민지	… 둘이 뭐 하시는 거예요?
영심	아, 우리도 어릴 때 떡볶이 집에서 이렇게 같이 먹었던 추억이 떠올라가지고 잠깐 귓속말 좀 해봤어.
경태	그래, 우리도 이렇게 노력하고 있는데 너네 진짜 아무것도 안 할 거야? 우리 먹는다. 먹는다? 자, 아~ 나 팔 아파.
영심	하하… 팔 아프면 안 되니까. 너무 맛있다. 같이 먹으면서 얘기해 볼까?

당면을 집어 먹던 영심, 뭔가 이상해서 보니 경태가 먹고 있던 면발과 이어져 있다.

영심&경태   ??!!

S#4   스태프 차량 안 (D)

떡볶이집 근처 스태프 차량에서 모니터를 보고 있던 〈러브마크〉팀 일원들.

채동   설마 그 당면이 거기 들어간 거야…?
월숙   뭐? 일부러 넣은 거예요?
채동   아뇨, 아뇨. 원래 민지와 우찬이 거에 들어갔어야 했는데….

＊ 인서트 -
떡볶이집 주방, 쉽게 끊기지 않게 특수 제작된 당면이 떡볶이에 들어간다.

S#5   영심이네 떡볶이집 (D)

당면을 입에 물고 놀라서 서로를 쳐다보고 있는 영심과 경태. 이 모습을 보고 사레들린 우찬이 먹고 있던 떡볶이를 뿜는다. 경태의 셔츠에 날아가 묻는 떡볶이.

경태   뭐야!!

S#6   영심이네 떡볶이집 골목 (D)

경태   아, 비싼 건데 이거. 뭐 이렇게 많이 묻힌 거야…?

화장실에서 셔츠를 대충 수습하고 나오던 경태, 우찬과 마주친다.

경태   너! 이거 셔츠 얼마짜린 줄 알아?
우찬   그러게 누가 떡볶이집에 그런 비싼 옷 입고 와요. 잘 보일 사람이라도 있는 것처럼?
경태   저 자식이 저거… 은근히 예리한데…?

S#7   영심이네 전경 (N)

영심(E)   어, 민지야.

[교차] 영심이네 – 영심·순심이 방, 민지네 (N)

영심과 민지의 전화 장면이 교차된다.

민지   왕경탠가? 그 아저씬 왜 그래요? 아니, 도와주는 것
        도 아니고 이러다 우찬이가 저 완전 극혐해서 손절
        치면 책임질 거래요?

영심   그 아저씨가 나쁜 아저씨는 아닌데.

민지   나빠요!! 그 아저씨 다음부턴 안 오면 안 돼요?

영심   다음 코스는 언니가 더 파이팅 해볼게. 오늘은 그러
        니까 걱정하지 말고 푹 자.

민지   네, 알겠어요.

영심   어~ 으휴, 왕경태 진짜 도움이 되는 거야, 안 되는
        거야.

순심   언니, 경태 오빠랑 당면 키스할 뻔했다면서?

영심   무슨 키스야, 아니야. 촬영하다 보면 이런 일도 있고
        저런 일도 있고 그런 거지. 어?

순심   왜 저래. 농담도 못 하게.

S#9   영심이네 – 거실 (N)

영심, 조용히 불 꺼진 1층에 내려와 경태가 있는 방 쪽을 쳐
다 본다. 순간, 오늘 당면 키스를 할 뻔했던 장면이 스쳐 지

나간다. 그때, 방문이 열리며 경태가 전화를 받으며 나간다.

경태   Hello, it's me. What's the current situation?

영심   오늘따라 왜 저러는 거야…. 혹시 〈사랑의 짝대기〉
              때처럼 또 장난치는 거 아니아…?

S#10   만화방 – 1층 (D)

영심   여기가 너네 시험 끝나고 오는 데, 맞지? 우찬아, 저기
              앉으면 돼.

              영심, 민지의 귓가에 속닥이며,

영심   오늘은 좀 더 친해져 보자고. 파이팅.

경태   우리는 저기 가서 앉을까?

              영심, 경태를 끌고 만화방 다락 쪽으로 간다.

민지   이거. 너 좋아하는 만화. 이번에 신간 나왔는데….

우찬   나 이제 그거 안 좋아하는데?

              그러더니 우찬, 일어나서 다른 쪽으로 가버린다.

우찬   … 영심이?

S#11   만화방 – 다락 (D)

다락에서 민지와 우찬을 내려다보고 있는 영심과 경태. 그런데 시간이 지나도 두 사람이 각자 한 마디도 나누지 않는 시간이 길어지고… 오디오가 빈다. 경태는 다락에서 태블릿 PC로 밀린 업무를 처리 중이다. 그러다 슬쩍 1층을 내려다보는 경태, 여전히 아무 일도 일어나지 않고 있다.

경태   아니, 30분째 아무 얘기 안 하고 있네. 시간 낭비했어. 야, 나 먼저 간다.

채동(F)   왕 대표님, 선배 지금 옆에 있어요?

경태   야, 일어나.

경태, 옆에서 꾸벅꾸벅 졸고 있는 영심을 툭 치자, 영심의 고개가 경태의 어깨로 떨어진다.

채동(F)   선배, 지금 제 목소리 들리세요? 들리면 뭐라고 말 좀 해주세요.

경태, 영심의 귀에서 인이어를 뺀다.

| 경태 | 너도 참 대단하다. 이 상황에서도 꿀잠을 자는 것도 능력이다, 능력이야. 웃기게 생겨가지고. |

경태, 자기도 모르게 스르르 눈꺼풀 감기고, 결국 서로 고개를 기댄 채 잠든다.

S#12   만화방 - 1층 (D)

민지가 음료를 가지고 만화책을 읽고 있는 우찬에게 온다.

| 민지 | 이거 먹어. |

민지, 우찬의 무반응에 참고 있던 감정이 폭발한다.

민지	야 강우찬, 너 해도 해도 너무하는 거 아냐? 너 왜 나 무시해? 왜 사람을 앞에 두고 투명인간 취급하냐고.
우찬	나는 그러면 안 되냐? 너는 그랬잖아. 나한테 무시당하니까 어때, 기분 드럽지?
민지	야 강우찬… 그래서 내가 미안하다고….
우찬	무시하는 것도 니 마음대로, 사과하고 싶은 것도 니 마음대로잖아. 근데 어떡하냐. 난 그러고 싶지 않은데? 그리고… 이런다고 내가 널 좋아하기라도 할 것 같아?

민지	그럴 거면 이거 왜 한다고 그랬어?
우찬	너 평생 괴롭혀 주려고. 이 영상 보고 니가 얼마나 이기적이고 못된 앤지 기억하라고.

우찬의 말에 충격받은 민지. 만화방을 뛰쳐나가 버린다.

S#13   만화방 – 다락 (D)

다락으로 올라오는 장환. 자고 있는 사람에게 소리친다.

장환	선배!! 지금 이렇게 자고 있을 때 아니라고요!! 지금 민지 촬영하다 뛰쳐나가고 난리 났다고! 빨리!
영심	뭐? 야, 빨리 나가!

S#14   거리 (D)

민지를 찾으러 이리저리 뛰어다니는 영심과 경태.

영심	민지야~ 민지야!!
경태	김민지!
영심	아 진짜 어디로 간 거야….
경태	어디 간 거야 진짜….

영심	그쪽에도 없어?
경태	어….
영심	그럼 나 저쪽으로 좀 더 가볼게.
경태	아, 이제 그만해. 자기 발로 뛰어나간 애를 왜 이렇게 찾는 거야.
영심	무슨 말을 그렇게 해. 우찬이가 뭐라 그래서 지금 상처받아서 뛰쳐나간 거잖아.
경태	걔가 틀린 말 한 건 아니잖아. 이제 와서 아쉬우니까지 마음대로 휘두르고 싶고, 또 그게 안 되니까 자기 발로 뛰쳐나가 버린 애를 왜 이렇게 찾는 거냐고.
영심	너 왜 이렇게 삐뚤어졌어?
경태	팩트를 얘기하는 거야.
영심	이럴 거면 왜 한다고 했는데? 이렇게 부정적이고 달라질 희망을 보지 못하면 왜 한다고 했냐고. 그리고 너는 지금 너네 회사 이미지만 신경 쓰는 거잖아. 그치? 됐어, 그만둬. 나도 더 이상 너한테 도와달라고 안 할게. 민지야!!

S#15   만화방 – 1층 (D)

만화방 한편에 말없이 앉아 있는 우찬, 그리고 그 옆에 앉는 경태.

경태	시원하게 잘 했다, 잘 했어. 어때, 이제 좀 기분이 풀려? 너희 둘. 우리한테 얘기 안 한 거 있지?

＊인서트 -
과거, 버려진 곰 인형을 줍는 중학생 우찬.

cut to

경태	니가 준 곰 인형이 쓰레기통에 처박혀 있었다고?
우찬	거기에 제 목소리로….

＊인서트 -
버려진 곰 인형의 손에 있는 버튼이 눌리자 우찬의 목소리가 나온다.

우찬(E)	민지야, 안녕. 너가 내 생일을 축하해 주면 좋겠어. 우리 햇빛 공원에서 6시에 만나자.
경태	무슨 기분인지 알 것 같다.
우찬	형도 그런 적 있죠?
경태	나?

우찬, 오늘 만화방에서 보고 있던 《열네 살 영심이》 만화책을 보여준다.

경태	이걸… 봤다고?

우찬	여기 나오는 경태가 형이고 PD님이 영심이잖아요.
경태	다 옛날얘기야. 위로는 아니고 민지보다 영심이가 더 심각했어. 난 온갖 수모를 다 당하고 빵 셔틀에 나무 곡예까지 했어. 그때 생각만 하면 진짜…. 내가 생각했을 때 민지 정도면 무난한 거야.
우찬	아니요, PD 누나랑 쟤는 다르다고요.
경태	뭐가 다른데.
우찬	이거 안 보셨어요?

S#16   공원 (D)

벤치에 혼자 앉아 있는 민지.

영심	민지야!! 괜찮아…? 힘들지. 민지가 원하지 않으면 여기서 그만해도 돼. 괜히 했다가 민지 상처만 받으면 나도 힘들 것 같거든.
민지	그만 안 둘 거예요.
영심	어?
민지	우찬이가 저렇게 변한 거, 다 저 때문인 거 같거든요. 그래서… 제가 꼭 예전의 강우찬으로 돌려놓을 거예요. 그리고 다시 절 좋아하게 만들 거라고요. 포기 안 해요.
영심	응….

S#18   만화방 – 1층 (D)

다시 민지를 데리고 돌아온 영심.

영심   자, 잠깐 쉬었으면 다시 시작해 볼까? 이번에는 만화
         보지 말고 대화도 좀 하면서 하자.

경태   그럼 저녁과 간식은 킹블리가 쏜다!

배달원(E) 배달 왔습니다~!

일동, 갑자기 들리는 소리에 돌아보자 거대한 간식 바구니
가 등장한다.

영심   이게 뭐야?

상은   선배님 이름으로 왔는데요.

영심   내 이름?

호재   써프라이즈~.

＊인서트 –

호재와 영심의 한강 데이트 장면, 그리고 호재가 영심에게
문자를 보낸 장면이 등장한다.

영심   어? 호재 씨?

호재   지난번에 영심 씨 새 프로 들어간다고 해서 응원하
         러 왔어요.

장환	갑자기 서프라이즈?

이런 영심과 호재를 보며 웅성이는 사람들.

일동(E)	둘이 무슨 사이야? 호재 씨, 더 멋있어졌다~.

S#19   영심이네 – 거실 (N)

영심이 순심, 월숙과 앉아 얘기를 나누고 있다.

월숙	대박. 영심아, 너도 이제 진짜 연애가 시작되려나 봐. 〈러브마크〉팀에 리얼 러브가 꽃피기 시작했어~. 왜 얘기 안 했어~. 그때 그 소설가랑 그렇고 그런 사이라는 거.
영심	그렇고 그런 사이긴? 그냥 응원 온 거라잖아.
월숙	세상에 어떤 남자가 그렇게 간식 바구니를 직접 들고 꽃까지 주면서 널 만나러 오겠어.
순심	이게 뭐야…? 내 마음이 영 심심해?

순심, 호재 인스타에 올라온 호재의 신간 시집을 보여준다.

순심	이게 새로 나온 시집 맞지…? 어후 오글거려.
월숙	제목 봐. 노렸네, 노렸어. 이 정도면 진짜 영심이한테

푹 빠진 거네.

그때, 거실을 지나 방으로 가는 경태.

순심	경태 오빠! 집수리 다 끝나서 리모델링도 완료됐대요.
월숙	어머, 그럼 이제 경태 드디어 이 집에서 나가는 거야? 잘됐다~.
영심	벌써 공사가 다 끝났대?
순심	응. 이사 준비 시작할까요?
경태	아냐, 내가 알아서 할게. 더 놀아.
월숙	영심아, 너 내일 호재 씨 만날 거라 그랬지? 소개팅은 구월숙. 머리부터 발끝까지 다 나한테 맡겨. 내가 팍팍 밀어줄게.
영심	그래도 좀…. 데이트는 오바 아닐까…?
월숙	한번 만나보는 거지, 뭐 어때~. 누가 연애하래? 결혼하래? 옷도 입어봐야 알 수 있는 건데 사람은 당연히 만나봐야 알 수 있는 거 아냐?
순심	그건 월숙 언니 말이 맞아. 만나봤는데 생각보다 되게 괜찮은 사람일 수도 있잖아.
월숙	거기 한강 뷰도 예술인데, 미슐랭 받은 제일 핫한 레스토랑이잖아. 맛있는 음식도 먹고 남자도 만나고, 뷰도 보고 힐링도 하고. 안 나가면 바보야.
영심	그럼 내일 나가 볼까…?
월숙	나가~.

S#20   한강 레스토랑 (D)

레스토랑에 들어서는 영심.

월숙(E)   이 스타일이면 이미 절빈은 성공이야.

영심   호재 씨.

호재   어, 영심 씨. 영심 씨 아닌 줄 알았어요.

S#21   영심이네 – 거실 (D)

방에서 나온 대광, 부엌에서 나오는 지유와 마주친다.

대광   주말인데, 왜 이렇게 집이 조용하냐?

지유   할아버지랑 저 빼고 다들 바쁜가 봐요.

S#22   영심이네 – 대광 작업실 (D)

대광   있으면 시끄럽고 없으면 허전하고….

책상으로 다가가는 대광, 책상에는 웹툰 작업용 최신 태블릿이 놓여 있고, 그 옆에는 경태가 쓴 쪽지가 놓여 있다.

[작가님, 앞으로는 잘생기게 부탁드리겠습니다!]

대광   앞으로는 잘생기게 부탁…. 크, 역시 왕 서방….

대광, 태블릿 위에 그림을 그려본다. 화면 안에 영심과 경태가 자전거를 타는 모습이 그려지기 시작한다.

S#23   **농구장 (D)**

혼자 농구를 하고 있는 경태. 골을 넣으려고 하는데 자꾸 골이 안 들어간다.

S#24   **플래시백, 만화방 – 1층**

영심이 민지를 찾으러 나간 사이, 우찬이 건넨 《열네 살 영심이》 만화책을 읽고 있는 경태.

＊ 인서트 – 만화책 내용 1
영심, 약속 장소로 향하다가 안경점에서 경태의 안경을 고른다.

어린 영심   왕경태랑 잘 어울리겠다….

안경을 쓴 곰 인형을 보며 웃는 영심.

＊ 인서트 - 만화책 내용 2

진우가 영심에게 헤드폰을 빌려달라고 한다.

진우	영심아, 헤드폰 그거 나 며칠 빌려도 될까?
어린 영심	이거 저도 선물받은 건데….
진우	잘 쓰고 돌려줄게. 오빠 믿지?
어린 영심	그럼 크리스마스 전날까진 꼭 돌려주세요. 꼭이에요.

＊ 인서트 - 만화책 내용 3

영심, 경태를 위한 안경 선물을 들고 공원 앞에서 기다린다.
눈발은 날리고 바람도 찬데 나타나지 않는 경태를 손 호호
불며 끝까지 기다리는 영심.

어린 영심   뭐야, 왕경태 왜 안 와? 감히 날 기다리게 해…? 어디
한번 나타나기만 해봐. 내가 박살을 내줄 테니까.

S#25   농구장 (D)

경태   오영심이 진짜 그랬다고…?

＊ 인서트 -

영심	흠흠, 사람의 마음 중에 약속도 포함되어 있는 건 알죠? 말없이 약속을 지키지 않는 사람도 사람의 마음을 소중히 여기지 않는 건 마찬가지 아닐까요?
경태	근데 왜 얘길 안했지?

S#26   영심이네 - 영심·순심이방 (N)

경태	그걸 버린 게 아니면 어딘가에 있을 텐데…. 그래 뭐… 다 만들어 낸 이야기였겠지.
지유	아저씨, 거기서 뭐 해요? 이모 방에서 도둑처럼 뭐하는 건데요.
경태	뭐, 도둑? 무슨 말을 그렇게 해. 그런 거 아니야.
지유	내가 본 걸 가족들한테 다 얘기할까 하는데.
경태	넌 대체 누굴 닮아서 성격이 그래? 아, 나와.
지유	누굴 닮았겠어요. 변명이 아주 기네요.
경태	자, 잠깐. 뭐 어디에 전화하게.
지유	솔직하게 얘기하면 뭐, 봐 드릴 수도 있고.
경태	… 곰 인형을 찾고 있었어.
지유	곰 인형?
경태	내가 거기에 사연이 좀 있거든….
지유	지금 당황해서 아무 말이나 만들어 내는 거 아니죠?
경태	내가 괜한 말을 했다. 됐어, 갈게.
지유	잠깐만요. 혹시 그건가…? 그 안경 끼고 있는 곰 인

형 말씀하시는 거예요?

경태   봤어…?

＊인서트 -

순심(F)   그냥 영심이 이모, 거 아무거나 팔아서 용돈 해!

지유, 안경 낀 곰 인형을 집어든다.

지유   아… 네.

경태   곰 인형을 봤다고?

S#27   거리 (N)

지유(E)   그거 빈티지 곰 인형 구한다는 사람이 있어서 조금 전
          에 중고 거래로 팔았는데…. 햇빛 공원 근처에 산다
          고 그랬어요.

          경태, 지유가 알려준 구매자에게 전화를 거는데 계속 전화
          를 받지 않는다.

경태   왜 이렇게 전화를 안 받아….

구매자 집 근처 앞 (N)

골목길에서 지유 또래의 여학생이 걸어가고 있다.

경태   저기 학생!! 잠깐, 잠깐만. 전화 들고 있는데 왜 이렇
         게 전화를 안 받는 거야.

학생   헐. 진짜 여기까지 오셨어요? 싫다고요. 이거 안 팔
         거라고요.

경태   학생, 그거 나한테 다시 팔아. 내가 두 배, 아니 세 배
         더 줄게.

학생   아저씨 뭐예요, 진짜.

경태   나한테 이게 꼭 필요해서 그래.

학생   왜 꼭 이거여야 하는데요. 더 비싼 거 사면 되잖아요.

경태   그게 있어야 내 꼬인 20년 역사가 풀릴 것 같아서 그
         래. 그러니까 그거 나한테 다시 팔아.

S#29   한강 레스토랑 (N)

영심(F)   그래, 이게 바로 내가 생각했던 데이트야. 절대 망치
         지 말아야지.

호재   촬영 이후에 이상하게 영심 씨 생각이 계속 나는 거
         예요. 영심 씨 생각만 하면 저도 모르게 웃음이 나오
         더라고요. 보세요, 저 지금도 웃었죠?

영심	정말요?
호재	덕분에 1년 붙잡고 있었던 시집도 잘 마무리해서 출간했어요. 아무래도 영심 씨가 제 뮤즈가 아니었을까요?
월숙[E]	일단 아무 말도 하지 말고 남자가 뭐라고 하면 그냥 최고로 재밌다는 듯 웃어. 이상한 헛소리 하지 말고. 알았지?
영심	하하하!
호재	음식은 입맛에 맞아요…?
영심	호호호호, 맛있어요.
호재	다행이네요. 새로운 프로그램 촬영은 어때요?
영심	호호호호, 너무 재밌어요.
호재	아… 네….
월숙[E]	기본적으로 이 옷들은 여성스러운 실루엣을 살려주니까 넌 그날 머리만 한두 번씩 넘겨주면서 목선을 강조해.
호재	영심 씨, 혹시 몸이 안 좋아요?
영심	네?
호재	아니, 막 호흡이 가빠지면서 목을 계속 만지셔가지고….
영심	아하하… 괜찮아요.

그때, 레스토랑 한편에 놓인 트리와 소원이 적힌 쪽지를 보는 영심.

| 영심 | (중얼) 소원⋯. |

＊ 인서트 -
소원 바위 앞 경태의 모습.

| 경태 | 내 소원은 오영심의⋯. |

| 호재 | 영심 씨, 디저트 시킬까요? |

그때, 레스토랑 안으로 들어오는 경태. 영심의 착각이다. 경태와 비슷한 사람인 것을 확인하자 실망하는 영심.

S#30   거리 (N)

곰 인형을 들고 영심에게 달려가는 경태. 그때, 코너를 돌아 나오던 자전거와 부딪힌다. 경태의 놀란 목소리와 함께 하늘 위로 붕 뜨는 곰 인형.

S#31   거리 (N)

| 영심 | 저, 호재 씨. 아무래도 이건 아닌 것 같아서요⋯. 미안해요. |

호재	괜찮습니다. 저 그렇게 눈치 없는 사람 아니에요. 계속 생각나는 사람이 있나 봐요. 영심 씨 있는 모습 그대로 편하게 있을 수 있는 사람이 좋죠. 그리고 저는 지금보다 예전의 영심 씨 모습이 훨씬 더 멋있어요. 고마웠어요, 영심 씨.
영심	고마워요.
호재	먼저 갈게요.

영심, 휴대폰을 꺼내 경태에게 전화를 거는데 전화를 받지 않는다.

| 영심 | 뭘 기대한 거야 오영심···. |

S#32   영심이네 골목 (N)

| 영심 | 오영심, 니가 무슨 데이트야···. 내가 또 다 망쳤어. 분위기 다 좋았는데 거기서 왜 왕경태가 생각나서···. 와, 왕경태? |

경태, 자전거와의 접촉 사고로 몰골이 만신창이다.

영심	너 왜 거기에 있어?
경태	··· 데이트는 잘 했어?

| 영심 | 어, 그럼. 엄청 즐겁게 있다 왔지 데이트. |

경태, 그런 영심을 보다가,

| 경태 | 그런데 나한테 전화 왜 했어? |
| 영심 | 그게… 그게…. 사실은 나도 잘 모르겠어. 나도 데이트를 다 망쳐버렸네. 난 연애에 소질이 없나 봐. 이게 다 너 때문이야. |

이런 영심을 향해 말없이 다리 절뚝거리며 걸어오는 경태. 손에는 안경이 부러진 곰 인형이 들려 있다.

| 영심 | 이걸 왜 니가…. |

경태, 절뚝거리며 다가와 영심을 꽉 껴안는다.

| 영심 | 왜 그래…. 놔, 숨 막혀. 무슨 일 있었어? 왜 그래. |

영심에게 입을 맞추는 경태.

| 경태 | 나도… 다 너 때문이야…. 보고 싶었어. |

그러곤 영심에게 키스하는 경태.

S#33 편집실 (N)

영심 이게 뭐야? 언제 이런 게 찍혔어.

    ＊ 인서트
    소원 바위 앞의 경태,

경태 소원을 이루어준다…. 내 소원은 오영심의 소원이
    이루어지는 거. 그거면 돼.

10화

우리의 흑역사를 위하여

S#1   공원 (N)

곰 인형을 들고 서 있는 영심과 경태.

경태   그럼 이게 20년 전 내 생일 선물이었던 거네.

영심   응…. 주인공이 잠수 타버려서 전해주진 못했지만.

그날 왜 갑자기 얘기도 없이 사라져 버린 거야?

＊ 인서트 -

진우   뭐 하는 거야 지금. 안 내놔?

어린 경태   이거 어디서 났어요?

진우   그걸 니가 알아서 뭐 하게! 진짜 이 씨…!

경태	그때 그 헤드폰 나한테 진짜 소중했던 거였거든. 너라서 준 거였는데 다른 사람이 가지고 있는 걸 보니 진짜 아무것도 안 보이더라.
영심	나한테 물어보지 그랬어. 그때 사정이 있어서 딱 며칠만 빌려줬던 건데….
경태	아무렇지도 않게 남한테 줘버렸다고 생각했거든.
영심	미안해. 너한테 소중한 걸 잃어버려서. 그건 다시 살 수도 없는 건데.
경태	근데 그 헤드폰 나한테 있다…? 비록 고장나긴 했지만….
영심	진짜? 근데 왜 말 안 했어?
경태	그날 사건으로 깨달았거든. 오영심은 평생 나를 안 좋아하겠구나.
영심	그런 거 아니야.
경태	근데 나한테 왜 그랬어? 내 마음 한 번을 받아주질 않고.

그때, 화면 전환되고 대답하는 영심은 과거의 어린 영심이다. 경태도 마찬가지.

어린 영심	… 널 괴롭히고 싶었나 봐. 내가 이렇게 해도 니가 날 계속 좋아하는지 알고 싶었어.
어린 경태	아무리 그래도 너무했어.
어린 영심	근데 너도 날 좋아한 만큼 믿지는 못했던 거 아니야?

어린 경태	아니, 나한테 자신이 없어서 그랬던 거야 영심아.
어린 영심	그래서 지금은? 지금은 자신이 좀 생겼어?

다시 현재의 모습으로 전환되는 영심과 경태.

경태	지금 이만큼의 내가 된 건 어떻게 보면 다 너 덕분이지. 자신감 있는 내가 되려고 이렇게 열심히 살아왔던 거니까.
영심	그럼 니가 잘된 건 내 덕분이니까 내 소원 들어줘. 니가 그랬잖아.

＊인서트 -
소원 바위 앞의 경태,

경태	내 소원은 오영심의 소원이 이뤄지는 거. 그거면 돼.

경태	그걸 너가 어떻게 알아?
영심	편집하면서 봤지. 그 소원 찬스 지금 쓸게. 내 소원은 이거야. 우리가 지금 감정에 100프로 충실해지는 거.

경태에게 뽀뽀하는 영심, 경태는 이런 영심을 끌어안는다.

S#2   방송국 - 대회의실 (D)

채동   민지랑 우찬이 분량이 너무 없는데요? 발전도 없고. 아무래도 뭔가 임팩트가 필요할 것 같은데.

그때, 조금 늦게 도착한 경태가 회의실에 들어온다.

장환   어, 형님. 앉으세요.

장환이 비어 있는 영심의 옆자리를 가리킨다.

경태   오늘은 그냥 끝에 앉을게.

영심   흠. 무슨 좋은 아이디어라도 없을까?

상은   교복 데이트 어떨까요?

영심   교복?

장환   더블데이트 하는데 두 커플이 여러모로 괴리감이 심해서 진짜 친구 같은 느낌이면 좋겠다 싶어서요. 요즘 교복 입고 데이트하는 커플도 많거든요.

상은   맞아요. 저도 주말에 남자 친구랑 교복 입고 스티커 사진 찍고 놀았는데 생각보다 엄청 재밌더라고요.

장환   자, 그래서 저희가 만나고 교복을 공수해 왔습니다! 짜잔!

상은   짜잔!

영심   아, 근데 이 나이에 또 교복을 어떻게 입냐?

＊ 인서트 -

경태의 상상 속 교복 입은 두 사람.

장환   대표님? 괜찮으시죠?

경태   그게 괜찮을리가…?

장환   그렇죠…. 어려우시겠죠.

경태   아니야, 아니야. 그래도 가져온 성의가 있는데 입어
        나 보지 뭐.

상은   진짜요?

경태   내가 너무 어려 보인다고 다들 놀라지들 마시고. 이
        러다 교복 광고 들어오는 거 아닌가 모르겠네.

영심   교복 광고 재밌겠네, 하하. 예능하는 사람들이 뭐 이
        렇게 웃음이 없어. 웃자.

채동   선배가 누구보다 웃음엔 엄격하라고 했으면서….

장환   형님…? 목에 뭐…?

경태   뭐 묻었어? 뭔데?

경태의 목 부분에 키스 마크가 보인다.

채동   그거 혹시…?

월숙   어머.

장환   오오오, 형님!

경태   뭔데! 아, 아니야! 뭔 말도 안 되는 소리를 하고 있
        어. 상상력들이 아주 그냥. 일해, 일해. 일하고 있어.

상상력들이 아주~.

경태, 자리에서 일어나 나간다.

상은   진짜 러브마크가 킹블리 목에서 목격됐다고? 선배,
               혹시 뭐 아는 거 없어요?

영심   아, 나 사레들렸네. 콜록!

S#3   방송국 – 로비 (D)

로비에서 마주친 영심과 경태, 눈치 보다가 서로에게 다가
와 손을 잡는다.

경태   빨리, 빨리!! 아, 가기 싫어….

S#4   방송국 앞 (D)

신난 걸음으로 콧소리와 함께 걸어가는 경태.

경태   인생이 원래 이렇게 아름다웠나~.

S#5 　　방송국 – 로비 (D)

이런 경태의 뒷모습을 보고 있는 영심,

영심　　뭐야… 귀엽게.
상은　　선배, 이거 보셨어요?

상은, 영심에게 휴대폰에 뜬 기사를 보여준다. 경태와 월숙의 열애설 기사가 떠 있다.

＊ 인서트 –

"유니콘 스타트업 W 대표, 유명 연애 유튜버와 열애 중?"

S#6 　　주차장 (N)

영심, 주차장으로 들어와 경태의 차를 찾는다. 주변을 살피며 탑승하는 영심.

S#7 　　경태 차량 안 (N)

영심　　왕경태~ 양다리였어?
경태　　아냐, 나도 모르는 일이야. 완전 당황스럽네 이거.

| 영심 | 아무래도 월숙이 고것이 장난친 거 같아. |

S#8   **월숙의 집 (N)**

전화를 하는 월숙.

| 월숙 | 네, 기자님~. 하하, 네. 제가 라방에서 술 먹고 슬쩍 얘기한 게 기사화됐나 봐요. 저는 실명은 얘기 안 했는데. |

S#9   **경태 차량 안 (N)**

영심	이번 일은 또 어떻게 수습해야 하나….
경태	정정 기사 내고 해명해야지. 내가 순심이한테 얘기해서….
영심	근데 이왕 이렇게 된 거 전략을 좀 짜보면 어때?
경태	전략?
영심	이 열애설 때문에 우리 프로그램 지금 엄청 홍보 잘 되고 있어.
경태	그래서?
영심	일단 지켜보는 거지. 대신 프로그램 홍보가 될 때까지만.

경태	꼭 그렇게까지 해야 돼?
영심	이거 봐. 연관 검색어에 킹블리도 있어.
경태	그래도 이건 좀….
영심	경태도 나도 우리 둘 다 이번에는 꼭 잘돼야 하잖아. 방송도 코앞인데 우선은 눈앞에 있는 일이 먼저니까.
경태	아 몰라….
영심	일단 나 빨리 들어가 봐야 되니까 내일 연락할게. 내일 봐. 나 간다. 진짜 간다…?

차에서 내리려다 경태의 뺨에 뽀뽀하는 영심.

영심	서운해하지 말고. 응? 나 진짜 간다.

다시 차에서 내리는 영심. 그때, 월숙에게 문자가 온다.

[월숙: 경태야. 저녁에 내 채널 콘텐츠 촬영하는데 좀 도와줄 수 있어?]
[경태: 우리 집에서 보자]

S#10   월숙의 집 (N)

월숙	뭐? 우리 집으로? 뭐야, 진도 너무 빠른 거 아냐? 어

떡해~.

S#11　　경태의 집 (N)

경태　　어, 왔어?

월숙　　안녕, 경태! 여기가 킹블리 하우스구나. 너무 좋다.
　　　　나는 밖에서 봐도 되는데~.

경태　　아직 밥 안 먹었지? 좀만 기다려.

월숙　　그동안 나 구경 좀 해도 되지?

경태　　편하게 둘러보고. 이따 부를게.

집 구경을 시작하는 월숙.

월숙　　어머, 샹들리에! 저거 얼말까? 집이 깨끗하긴 한데
　　　　너무 휑하네…? 마치 이사 가는 사람처럼. 근데 저건
　　　　뭐지?

청소 중인 로봇 청소기가 보인다.

S#12　　경태의 집 – 주방 (N)

테이블 위에 맛있는 음식들이 세팅되어 있다.

월숙	어머, 이거 다 니가 한 거야?
경태	아니, 주문한 건데.
월숙	어? 뭐든 전문가가 하면 좋지.
경태	먹어.
월숙	경태야, 혹시 그거 봤어?
경태	열애설 기사?
월숙	어. 내가 라방에서 한 얘기를 사람들이 좀 과장해서 쓴 거 같긴 한데. 이번 기회에 우리 좀 더 친해져 보는 게 어때? 우린 닮은 점도 되게 많잖아.
경태	어떤 점이?
월숙	나만의 전문 분야가 있고, 열정도 있고, 인정도 받고. 아, 원하는 게 있으면 꼭 쟁취하고 말고.
경태	나한테 원하는 거 있어?
월숙	그게 뭔지 느낌 오지 않아?
경태	월숙아, 넌 너랑 비슷한 사람이 좋아?
월숙	응?
경태	난 나랑 비슷한 사람이 싫거든. 넌 내가 왜 좋아?
월숙	어? 그건….
경태	예전에는 관심 없었던 찌질했던 동네 친구가 회사 대표가 되고, 유명해지고, 이전과는 다른 모습이어서 호기심이 생겼겠지.
월숙	응, 인정할게. 근데 사람 마음 다 비슷한 거 아냐?
경태	맞아. 근데 있잖아, 나도 그럴 줄 알았는데 나는 아직 아니더라.

월숙	그럼 넌 어떤 사람이 좋은 건데?
경태	나랑 정반대인 사람. 계산할 줄도 모르고, 포커페이스도 안 되고, 전략보단 진심을 믿는 그런 사람. 그래서 매번 골탕 먹고 손해 보는데도 포기하지 않는, 그런 사람.
월숙	영심이가 너한테 해준 게 뭔데? 나랑 다를 게 뭐야?
경태	월숙아, 넌 진심으로 누군가를 좋아해본 적 없지? 너는 사랑을 게임이라고 생각하잖아. 상대를 포착하고, 쟁취하고. 그 안에서 누군가는 이기고, 지고, 주도권을 잡고. 갑을이 형성되고….
월숙	그게 나빠?
경태	나도 예전엔 너처럼 생각했었거든. 근데 그게 나랑은 안 맞는 거 같아. 그러니까 너도 너무 애쓰지 말라고.
월숙	경태야, 어릴 때 첫사랑이 영원한 사랑은 아니야. 나한테도 사랑을 줘.
경태	넌 지금 승부욕 때문에 나를 좋아하는 걸로 착각하고 있는 것 같아. 내가 예전의 왕경태라도 니가 날 좋아했을까?

S#13 　밤거리 (N)

밤거리 전경이 보인다.

S#14   경태 차량 안 (N)

운전하는 경태의 휴대폰에 빨간색 긴급 표시가 된 메일이
속속 도착한다.

[Request to return to head office]
[[RE] [URGENT] Quarterly report]

경태   오영심, 이제 진짜 시간 없다.

경태, 더욱 속력을 높인다.

S#15   방송국 - 편집실 (N)

경태와 월숙의 기사를 보는 영심.

영심   아니야. 일단 우리 프로그램에 집중하자. 뭐, 홍보
도 알아서 되고 좋지. 하늘이 도와준 거라고 생각해
야지 뭐. 이번에 진짜 잘 해봐야 하니까 이대로 나만
더 열심히 하면 돼.

그때, 들어오는 상은.

상은	선배, 피곤하시죠? 나머진 제가 좀 도와드릴까요?
영심	아니. 나 지금 너무 신나서 하나도 안 피곤해. 우리 〈러브마크〉 잘돼야지.
상은	교복까지 흔쾌히 입겠다고 해주시고 진짜 크~.
영심	교복이 뭐야. 난 우리 프로그램을 위해선 강남역 한복판에 가서 춤도 추고 노래도 할 수 있다.
상은	선배, 진짜 선배한테 그렇게까지 복수한 사람이랑 같은 프로그램에 더블데이트까지. 진짜 인내심 대단하세요.
영심	비즈니스니까. 나 이번에는 진짜 잘 해보고 싶거든.
상은	근데 선배님은 왕 대표님 여전히 별로예요? 성격은 좀 그래도 멋지긴 하잖아요.
영심	아니야, 난 그런 타입 딱 싫어. 걔가 또 언제 우리 뒤통수칠지 모르잖아. 그냥 서로 일에 좋자는 거지 뭐. 걔는 지네 회사에 좋은 거고 우리는 우리 프로그램 잘되야 되니까. 그러니까 너무 신경 쓰지 마.
상은	그쵸. 사람 잘 안 변하니까요. 그럼 진짜 왕 대표님이랑 월숙 님이랑 잘되는 쪽으로 이어가 볼까요?
영심	자, 잘되는 쪽?
상은	이렇게 된 이상 다음 데이트를 왕 대표님이랑 월숙 님으로 짜보면 어떨까 해서요.
영심	아⋯.
상은	별로일까요? 전 괜찮을 거 같은데.
영심	뭐, 괜찮아. 괜찮을 것 같애. 프로그램을 위해서라면

개네 둘을 웨딩 홀에 세워놓고 내가 축가라도 부르
고 싶네.

상은   진짜요?

영심   그럼. 연애 프로그램에서 사내 커플 나오는 것만큼
극적인 빅 이슈가 없어.

S#16   방송국 – 편집실 밖 (N)

편집실 밖에서 이 얘기를 듣고 있는 경태.

S#17   방송국 – 편집실 (N)

상은이 나가고, 계속 편집하고 있는 영심.

영심   좀 더 자극적인 워딩 없을까? 이번에 진짜 잘 해야
되는데.

그때, 문 열리는 소리가 들리고,

영심   나 괜찮다니까 상은아?

영심, 돌아보니 경태가 서 있다.

영심	경태야?
경태	나, 너한테 뭐야.
영심	어?
경태	넌 나보다 프로그램이 더 중요하지?
영심	무슨 말이야?
경태	니가 하려고 하는 일을 위해서는 다른 사람의 마음 따위는 중요하지 않냐고 묻는 거야 지금.
영심	혹시 기사 때문에 그래? 아니면 아까 차에서 내가 얘기한 것 때문에? 일 때문이라고 했잖아. 왜 그래, 유치하게.
경태	유치?
영심	그래, 유치하게.
경태	넌 내가 왜 여기 남아 있는지 모르지? 넌 항상 그래. 네 감정이 중요하지.
영심	어쨌든, 이 프로그램 킹블리 때문에 시작하게 된 거잖아. 너한테 킹블리가 중요하듯, 나한텐 이 프로그램이 되게 중요하다니까?
경태	그때랑 지금이랑 다르잖아.
영심	뭐가 다른데?
경태	결국 또 내가 문제였네. 나만 진심이었어. 그런 일이라면 여기서 그만할게.
영심	아니, 경태야….

영심, 경태를 따라 나가려는데 허 국장에게 전화가 온다.

영심	네, 국장님.
국장(F)	내일 볼 시사 편집본 완성됐지?
영심	네, 지금 편집실입니다. 편집하고 있어요.
국장(F)	사장님이 기대가 크셔.
영심	네, 잘 준비하고 있습니다. 잘 해볼게요. 네, 네.

영심, 전화를 끊고 자리에 앉는다.

| 영심 | 우선 급한 것부터 처리하자. |

S#18   영심이네 – 거실 (D)

경태를 배웅하는 가족들.

대광	진짜 이렇게 빨리 나간다고?
진심	갑자기 간다니까 서운하다, 경태야.
경태	아닙니다. 그동안 감사했습니다.
진심	왜 그렇게 멀리 가는 사람처럼 얘기해.
경태	당분간은 좀 바쁠 것 같아서 그래요.
우상	젊은 사람이 바쁘면 좋지 뭐. 왕 대표, 파이팅.
순심	자, 저희 대표님 좀 바빠서 먼저 출발할게요.
대광	또 와.
우상	그래, 조심히 가.

경태	네, 연락드리겠습니다.
진심	또 와~.
경태	연락드리겠습니다!

S#19 영심이네 골목 (D)

순심이 항공권을 꺼내 경태에게 건넨다.

순심	대표님, 항공권 예약 완료했습니다.
경태	고마워.
순심	진짜 내일 가시는 거예요?
경태	응.

S#20 영심이네 - 대광 작업실 (N)

진심(E)	어, 왔어?

S#21 영심이네 - 대광 작업실 (N)

영심, 빈방을 보고 황당한 표정이 된다.

영심	왕경태 나갔다고…? 나한테 말도 없이?
진심	어머, 몰랐어?
영심	아니, 아까 좀 다투긴 했는데 그래도….

영심, 경태에게 전화를 해보는데 받지 않는다.

영심	왜 전화를 안 받아. 오순심, 네 대표 왜 전화 안 받아? 뭐야, 진짜 황당하네.

그때, 도착하는 경태의 메시지.

[경태: 여기까지만 하자]

영심	여기까지만? 뭔 소리야….

영심, 다시 전화 거는데 경태의 휴대폰 전원이 꺼졌다는 안내음이 들려온다.

영심	응…? 전화를 왜 꺼놔. 진짜 뭐야…? 잠깐. 지금 나 차인 거야…?

S#22   술집 (N)

혼자서 술을 먹는 영심.

영심   여기까지만…? 그래 가버려라. 다 지 맘대로 하고.
         그래 가버려라!! 난 자유다!

월숙(E) 오영심, 너 혼자서 얼마나 마신 거야?

영심   이거 봐, 이거 한 줄 보내고, 끝이야. 도대체 여기까
         지가 어딘데! 너가 전문가니까 분석 좀 해줘….

월숙   나한테 그렇게 하고 둘이 얼마나 행복하나 했더
         니…. 역시 연애랑 주식은 전문가가 없는 게 맞아.

영심   어?

월숙   오영심, 난 너 때문에 경태한테 더 굴욕당했어.

영심   굴욕? 니가?

월숙   도저히 이해가 안 가는데 왕경태 뇌 구조에는 오로
         지 오영심뿐이야.

S#23   플래시백, 경태의 집 (N)

집 구경을 하다가 로봇 청소기를 발견하는 월숙. 로봇 청소
기 겉면에 '영심이'라는 글자가 쓰여 있다.

월숙   영심이? 이름이 영심이야?

S#24 술집 (N)

월숙 징그럽다, 징그러워. 장장 20년 동안 오영심을 못 잊은 거야.

영심 근데 왜, 근데 왜!

월숙 내가 엄청난 실책을 해줬는데도 이 모양이라니. 오영심, 너 정신 좀 차려. 아니다…. 나나 술 먹고 속 차려야지.

영심 같이 마셔. 같이 차였으니까 같이 마시자….

월숙 니네 둘 때문에 나도 짜증나 진짜~.

영심 나도 짜증나…. 왜 울어, 울지 마….

S#25 만나고등학교 (D)

민지, 교문 앞에 서 있는 우찬과 눈이 마주친다.

우찬 김민지.

민지 나 부른 거야?

우찬 그럼 여기 너 말고 김민지가 또 있어?

민지 왜 불렀는데.

우찬 너 혹시 영심 누나 연락 돼?

민지 아니.

우찬 어제 나 경태 형한테 이상한 문자가 하나 왔는데….

＊ 인서트 -

[경태: 형은 간다. 너는 나처럼 되지 말고⋯ 웬만하면 다른 여자 친구 만나⋯.]

우찬   아무래도 우리가 나서야 할 일이 생긴 거 같다.

민지   나서야 할 일?

민지 손을 잡아끄는 우찬.

S#26   방송국 – 편집실 (D)

영심, 경태의 소원 바위 장면을 계속 돌려보고 있다. 편집실에 울려 퍼지는 경태의 소원.

영심   나쁜 새끼. 이기적인 놈. 그거 하나면 된다더니⋯. 진짜 이제 나도 모르겠다.

그때, 민지에게 문자가 도착한다.

[민지: 언니, 저 마지막으로 딱 한 번만 도와주세요!! 급해요!!]

영심   뭐야⋯? 또 무슨 일이야⋯.

S#27   공항 (D)

급하게 택시에서 내려 공항을 향해 달려오는 영심.

영심   우찬이가 갑자기 미국을 간다고? 민지 어딨지? 여기
서 분명 기다린다고 했는데.

민지를 찾던 영심, 경태와 마주친다

S#28   공항 (D)

멀리서 두 사람을 바라보고 있는 민지와 우찬.

민지   어떻게 두 분을 도와줄 생각을 했어?
우찬   곰 인형에게 힌트를 얻었지.

S#29   공항 (D)

서로 마주 보고 있는 영심과 경태.

영심   너가 왜 여깄어…? 너 어디가?
경태   곧 비행기 시간이야.

영심	이러고 진짜 간다고? 너 끝까지 이럴 거야?

경태, 영심을 지나쳐 공항 안으로 들어가려 하자 영심이 경태를 향해 가방을 던진다.

영심	비겁한 자식. 그래, 그렇게 계속 도망쳐라!
경태	그래, 난 또 중요할 때 도망갈지도 몰라.
영심	그래, 어디 한번 계속 가 봐. 지구 끝까지 쫓아갈 테니까. … 이래도 안 되겠어? 너도 나 좋아하잖아.
경태	지금의 나는 오영심을 다시 좋아할 수 없어. 내가 달라졌다고 생각했는데, 널 다시 좋아하니까 해결됐다고 생각했던 그 상처들이 다시 보이는 거 같아. 나도 이런 내가 싫어.
영심	찌질한 놈.
경태	맞아, 그게 나야. 어쩔 수 없어.
영심	이렇게 진짜 가면 평생 후회할 거야.
경태	… 혹시 달라질 수 있으면 돌아올게. 그게 언제가 될진 모르겠지만.
영심	누가 오면 다시 받아준대? 너 진짜 최악이다. 이럴 거면 내 앞에 왜 다시 나타난 건데?
경태	다 했지…? 갈게.
영심	너 진짜 이대로 가면 우리 끝이야! 왕경태! 우리 끝이야!!

아랑곳하지 않고 가는 경태.

영심　　　　우리 끝이라고. 가면 진짜 끝이야….

＊ 인서트 -
하늘을 날아가는 경태가 탄 비행기.

영심(NA)　　아무래도 내 인생 최고의 흑역사는 아직 오지 않았
　　　　　나 보다.

S#30　　영심이네 - 영심·순심이 방 (N)

영심, 멍하니 하늘 쳐다보다 인터넷 기사를 찾아본다.

＊ 인서트 -
"킹블리 미국 상장 직전, 투자사 헤지펀드 문제로 상장 위기"
"유니콘 킹블리의 위기? 대표, 책임지고 해결책 제시"
"전문가들의 전망은 어두워. 국내 가입자 탈퇴율도 높아져"

순심(E)　　언니랑 끝까지 방송 마무리하고 싶어서 미국 일정
　　　　　미루는 사이에 일이 갑자기 커졌나 봐. 그래서 경태
　　　　　오빠… 급하게 간 것 같아.

S#31   영심이네 전경(D)

[자막: 2달 후]

S#32   영심이네 – 거실 (D)

TV 화면에 〈러브마크〉 타이틀이 뜨며 방송이 시작된다.

진심   영심이 새 프로그램 시작한다!

우상   아, 이번엔 처제 시청률 잘 나와야 되는데. 잘 되어가
      고 있대?

순심   아니, 요즘엔 이게 더 잘된대.

채널 화면이 바뀌면 〈러브마크〉와 정반대 느낌의 다크한
포스의 〈욕망 아일랜드〉가 시작된다.

순심   채동 PD가 작심하고 만든 거래.

진심   이게 요즘 그냥… 막 그냥 어우 막!

경악하는 가족들.

대광   야, 이거 돌려라 돌려.

진심   놔둬 봐.

우상   아버님 계신데….

S#33   어느 섬 (D)

걸어오는 한 남자가 보인다. 상의를 탈의한 채동이다. 머리에 생수를 들이부으며 다가오는 채동. 그 모습 그대로 〈욕망 아일랜드〉 타이틀 화면으로 전환된다.

영심(NA)   결국 〈러브마크〉에서 하차한 채동이는 나 대신 섬에 들어가 다큐를 찍다가 으른들의 찐한 19금 연애 예능을 만들어 욕망 PD라는 별명을 얻었다.

＊인서트 -
이런 채동의 모습이 믿기지 않는 듯 입을 틀어막고 TV를 보는 지유의 모습.

지유   어우, 뭐야!

영심(NA)   심지어 시청률에서도 우리를 이겨버리고 말았다.

S#34   방송국 (D)

방송국에서 나오는 채동을 기다리는 월숙.

월숙	하이, 욕망 채동? 〈러브마크〉 이긴 거 축하해.

월숙의 차에 타는 채동.

영심(NA)	서로 원하는 것이 같은 사람이 생각보다 가까이에 있다는 걸 월숙이는 깨달았다. 역시 이번에도 똑똑하게 자신을 바꾸지 않고도 원하는 것을 얻었다.

S#35 방송국 - 국장실 (D)

얼마 후. 허 국장, 시청률 결과 지표를 보고 있다.

국장	채동이한테 발렸네?
영심	네, 제가 호랑이 새끼를 키웠네요.
국장	이번 주 지나면 마지막 에피소드만 남았지?
영심	네.
국장	어떻게든 만회해봐.
영심	그래도 아일랜드 비키니 파티를 이길 수 있을까요?
국장	지금 정도면 아무리 평이 좋아도 시즌 2는 장담 못해. 알지?
영심	네….
국장	파이팅!
영심	파이팅… 나가보겠습니다.

| 국장 | 어깨 펴고! |

S#36   방송국 – 대회의실 (D)

영심	좀 더 쎈 막장 같은 새로운 사연은 없을까?
장환	네…. 다 비슷비슷한 사연이라 〈욕망 아일랜드〉를 이길 방법이….
상은	새로운 사연이 왔는데요…?
장환	"저는 첫사랑과 오랜 시간 돌고 돌아 마음을 확인하고 사귀게 되었지만, 저의 실수로 다시 헤어지고 말았습니다. 두 번이나 잠수 탄 쓰레기이지만…. 다시 한번 그녀의 마음을 되돌리고 싶습니다. 도와주세요." 잠수 이별 사연이네요. 이 사연 어떨까요…?
영심	안 돼…. 잠수 타는 쓰레기는 재활용도 안 돼.
장환	그래도 연락해서 좀 더 자세히 들어보면 어떨….
영심	별로야. 다른 사연 듣자. … 오늘은 여기까지 하자. 다들 퇴근해.
장환&상은	네.

S#37   영심이네 골목 (N)

| 영심 | 기분이 왜 이렇게 꿀꿀하지. 절대 왕경태 때문은 아 |

386

니야.

경태(E)   오영심.

영심   이제 막 헛소리까지 들리고. 오영심 제발 정신 좀 차
        리자!

경태   영신아!

영심   왕경태?

경태   영심아… 나 왔어. 잘 지냈어? … 알았어, 갈게….

다시 돌아서는 경태. 영심, 경태에게 뛰어가 안아버린다.

영심   가지 마…. 무슨 일 생긴 줄 알았어.

경태   이제 가고 해도 평생 니 옆에 있을 건데.

영심   다시 또 말도 없이 사라지면 그땐 진짜 지구 끝까지
        쫓아갈 거야.

경태   이제 무서워서라도 못 도망가겠다.

영심   치….

경태   이제 웃네.

영심   아니거든.

경태   이제 오영심 같다.

영심   덜 맞았지?

영심을 안아주는 경태.

S#38 영심이네 - 거실(N)

영심(E)   나 왔어요.

가족들, 다시 돌아온 경태를 보며 질문을 쏟아낸다.

진심   경태야… 도대체 이게 무슨 일이야?

우상   거지꼴 다 됐네.

경태   맞아요. 저 거지 됐습니다. 미국 본사 문제 생겨서 지
       분 다 팔고…. 계열사 정리하고, 직원들 퇴직금 다 정
       리해 주니까 정말 한 푼도 안 남더라고요.

대광   진짜 거지 된 거냐.

경태   네, 아버님. 저 처음부터 다시 시작해야 됩니다. 이런
       무일푼의 거지라도 괜찮으시겠어요?

대광   어… 그건 영심이한테 물어봐야지?

영심   좋아…. 다시 재기할 때까지 내가 먹여 살릴게. 20년
       도 기다렸는데 뭐.

경태   영심아….

영심   대신, 조건이 있어.

경태   조건…?

영심   응.

S#39　　　영심이네 - 대광 작업실 (D)

작업실에서 연구 중인 경태.

영심(NA)　　　첫째, 우리집에 데릴사위로 들어올 것.

영심(E)　　　경태야~ 나 물~.

경태　　　물! 오케이 물!

S#40　　　영심이네 - 2층 거실(D)

작업 중인 영심에게 물을 갖다주는 경태.

경태　　　물~ 물물. 여기 여기.

영심　　　땡큐. 어…? 내가 좋아하는 얼음 세 알은?

경태　　　얼음? 오케이, 얼음. 얼음~ 얼음, 얼음. 얼음~ 땡!

다시 뛰어나가는 경태.

영심(NA)　　　둘째, 말없이 사라지지 말 것.

S#41　　영심이네 - 거실 (D)

영심이 경태를 혼내고 있다.

영심　　　30분 동안 어디 갔었어.

경태　　　잠깐 운동하러.

영심　　　보고 없는 이동은 우리 집 퇴거 사유 중 하나인 거
　　　　　잊었나?

경태　　　미안.

영심　　　그리고 지금 운동할 시간이 있어? 이렇게 백수처럼
　　　　　지내다가 언제 다시 재기하려고 그래? 자, 운동 끝났
　　　　　으면 다시 작업실로 고고!

경태　　　예!

영심　　　열심히~.

진심　　　영심아, 살살 좀 해….

순심　　　경태 오빠 너무 불쌍하다.

우상　　　경태가 선택한 길인걸….

영심(NA)　셋째, 내가 부르기도 전에 내 옆에 있어 주기.

S#42　　동네 벤치 (D)

벤치에 앉아 있는 두 사람.

경태	영심아.
영심	응…?

말없이 영심에게 헤드폰을 씌워주는 경태.

| 영심 | 평생 내 흑역사에 담길 각오는 되어 있겠지? |

두 사람의 모습, 웹툰으로 전환된다.

S#43   영심이네 – 거실 (D)

거실에 둘러앉은 가족들, 인터넷에 올라온 대광이 그린
〈영심이〉 웹툰을 보며 신기해한다.

우상	와, 처제 대사 진짜 터프하다. 내 흑역사와 평생 함께
	하래. 와우….
대광	내가 그리고 내가 썼지만 좀 낯부끄럽다~.
진심	왜요, 요즘 사람들 이런 걸크러쉬 얼마나 좋아하는
	데요. 요샌 여자들도 프로포즈 많이 해요.
우상	장인어른이 그린 걸 지유가 인터넷에 올렸던 거야?
지유	우연히 봤는데 생각보다 재밌길래.
우상	잘 했다, 잘 했어. 우리 딸 너무 똑똑해.
순심	어, 잠깐만. 근데 이거 생각보다 조회수 잘 나오고 있

는데요? 우리 이러다가 정식 연재 다시 시작되는 거 아녜요? 어떡해~.

진심   어머!

우상   아버님!

진심   우리 그때 빚 갚았잖아~.

우상   지금 빚이 중요한 게 아니야. 아버님, 뭐 갖고 싶은 거 계세요?

대광   아, 요즘에 허리도 아프고 어깨도 아프니까 안마 의 자…?

우상   안마 의자! 안마 의자 좋아.

S#44   국장실 [D]

허 국장, 시청률 지표를 보고 있다.

국장   하… 이거 니들만 좋은 일 시킨 것 같다.

영심   죄송합니다.

국장   다음엔 더 잘 할 수 있겠지?

영심   다음이요?

국장   〈러브마크〉 시즌 2. 대신 이혼 부부 편이야.

영심   진짜요?

국장   응.

영심   진짜요…?

국장	응.
영심	진짜요!!
국장	응!!
영심	아싸!!

S#45   영심이네 – 대광 작업실 (D)

영심	아빠. 나 이번에 시즌 2 하는 거는 꼭 넣어줘야 돼.
대광	그거 너 빼고 다 관심 없다.
영심	아니야. 팬들은 다 기다린다니까. 그리고 예쁘게 그려줘. 나 여주인공이잖아.
대광	요즘 사람들은 있는 그대로를 더 좋아해요.

대광, 더 포악하고 익살스럽게 현재 영심이를 그려낸다.

영심	이게 뭐야! 이거 어떻게 하는 거야, 지워줘.
영심(NA)	그렇게 20년 후 나, 오영심의 34살 연애사는 다시 전 국민에게 공개되었다. 하지만 상관없다. 내 흑역사로 인해 한 명이라도 행복해질 수 있다면.

S#46　영심이네 - 거실 (D)

진심의 어깨를 주무르는 우상과 휴대폰을 보는 지유와 대광. 그리고 간식을 갖고 나오는 순심.

영심(NA)　질척이는 흑역사의 진창에서 우리 모두가 한 알의 진주로 태어난다.

cut to
거실에 둘러앉아 경태가 만든 로봇 청소기를 보는 영심과 경태, 가족들.

우상　아니, 이게 왕 서방이 만든 로봇 청소기야…?
대광　그럼 우리 실험 한번 해볼까?
진심　영심이 청소해.
순심　영심이 움직여.
대광　영심이 잘 했어.
지유　영심이 충전해.
우상　뭐야, 아무 반응 없잖아.
경태　영심이 사랑해~.

경태의 목소리에 맞춰 불이 들어오는 로봇 청소기.

오! 영심이

초판 1쇄 인쇄일 2023년 6월 26일
초판 1쇄 발행일 2023년 7월 7일

지은이 전선영

발행인 윤호권
사업총괄 정유한

원고 보조 김수빈 **편집** 강세윤 **디자인** 양혜민 **마케팅** 김솔희
발행처 ㈜시공사 **주소** 서울시 성동구 상원1길 22, 6-8층(우편번호 04779)
대표전화 02-3486-6877 **팩스(주문)** 02-585-1755
홈페이지 www.sigongsa.com / www.sigongjunior.com

ISBN 979-11-6925-954-5 03680

*시공사는 시공간을 넘는 무한한 콘텐츠 세상을 만듭니다.
*시공사는 더 나은 내일을 함께 만들 여러분의 소중한 의견을 기다립니다.
*잘못 만들어진 책은 구입하신 곳에서 바꾸어 드립니다.